U0495940

世图心理

博客: http://blog.sina.com.cn/bjwpcpsy
微博: http://weibo.com/wpcpsy

身体语言的秘密

[德] 乌尔里希·索罗曼（Ulrich Sollmann）著

何媛 译

世界图书出版公司
北京·广州·上海·西安

图书在版编目（CIP）数据

身体语言的秘密 /（德）乌尔里希·索罗曼著；何媛译 . —北京：世界图书出版有限公司北京分公司，2021.8
ISBN 978-7-5192-8258-5

Ⅰ . ①身… Ⅱ . ①乌… ②何… Ⅲ . ①身势语—通俗读物 Ⅳ . ① H026.3-49

中国版本图书馆 CIP 数据核字（2021）第 012756 号

Einführung in Körpersprache und nonverbale Kommunikation ©2014, Carl-Auer-Systeme Verlag GmbH, Heidelberg, Germany.
Simplified Chinese edition copyright ©2021 Beijing World Publishing Corporation.
All Rights reserved

书 名	身体语言的秘密
	SHENTI YUYAN DE MIMI
著 者	［德］乌尔里希·索罗曼
译 者	何 媛
责任编辑	詹燕徽
出版发行	世界图书出版有限公司北京分公司
地 址	北京市东城区朝内大街 137 号
邮 编	100010
电 话	010-64038355（发行） 64033507（总编室）
网 址	http://www.wpcbj.com.cn
邮 箱	wpcbjst@vip.163.com
销 售	新华书店
印 刷	三河市国英印务有限公司
开 本	880 mm×1230 mm 1/32
印 张	6.75
字 数	130 千字
版 次	2021 年 8 月第 1 版
印 次	2021 年 8 月第 1 次印刷
版权登记	01-2015-1184
国际书号	ISBN 978-7-5192-8258-5
定 价	49.00 元

版权所有 翻印必究
（如发现印装质量问题，请与本公司联系调换）

目录

推荐序　躯体是我们的另一个意识存在
　　　　（施琪嘉）　　　　　　　　　　Ⅰ
推荐序　人类行为图谱：可训练+无法伪装
　　　　（姜振宇）　　　　　　　　　　Ⅲ
序（索罗曼）　　　　　　　　　　　　　Ⅴ

前言　　　　　　　　　　　　　　001

**第一章
身体语言让你更接近真相　　　　　005**

各领域对身体语言的研究　　　　　　009
身体语言没有唯一性　　　　　　　　020
案例1　普京：他要掩饰什么？　　　　022

第二章
解读身体语言　027

身体语言的解读视角　029

独一无二的行为模式　040

身体语言的情感逻辑　054

案例2　马云：我知道如何抓住你的心　064

第三章
非语言沟通让沟通更有效　067

手势的秘密　069

身体的内生循环　079

身体的外生循环　098

案例3　默克尔：独特的三角手势　106

第四章
身心发展结构模型　109

儿童身体语言的阶段性发展　111

身体语言与个体经历　124

案例4　王菲：透明的谜　138

第五章
身体语言分析实践 **141**

身体语言分析的要素	145
身体语言的阅读过程	153
对来访者的身体表达进行解读	163
观察工具	171
我能见你所不见	182
案例5 奥巴马：表情和手势的魅力	191

推荐序　躯体是我们的另一个意识存在

躯体是我们最早用来接触世界的工具。然而，我们在成长的过程中可能逐渐地忽略了我们的身体部分；于是身体就会通过生病来抗议。心里不敢表达的部分也会反映在身体上——如果我们忽略这些信号，就会毁坏一座通往我们自己内心的桥梁。

在德国，躯体治疗作为心理治疗的基本设置，被用于住院式心理治疗中。问题严重到无法用言语进行表达的病人，特别是经历过创伤的病人，需要通过躯体治疗才能与外在重新建立关系。记得我在德国参加过一次为期三天的躯体治疗培训，大家按要求感受自己的躯体，很少说话，仅仅是在房间里反复行走——这个过程就能够帮助参与者觉察到自己脚的每一部分所传递的感受。

在住院心理治疗中，一名女性病人用躯体治疗的道具——一根绳子——将自己紧紧束缚住。治疗师尝试着让她把绳子递给他人，和外界建立联系；但是她很惊恐，反而将自己捆绑得更紧了。大家明白，这是她早年经历的躯体虐待和性创伤的再现。

在一次国内的躯体治疗培训中，我让大家绘出自己的手的轮廓，然后描述它的功能。一个学员受到了很大的震撼，她说她终于明白她与父母亲的感情关系了。她两只手的大拇指长得不一样，一个肥短，一个瘦长——这是遗传所赐。她十分讨厌肥短的大拇指，因此也讨厌自己的这只手。她经常抱怨父亲将这个特征遗传给自己。通过躯体治疗，她突然明白，这正是她不接受自己的一部分——它来自自己在和父母的关系中未获得满足的部分。

　　本书作者索罗曼是来自德国的躯体治疗师，他有着30多年的行为研究经验，其理论具有鲜明的德国躯体治疗风格。在《身体语言的秘密》这本书里，他将自己对躯体治疗的深刻见解融入日常生活中，深入分析人类的身体语言，揭示了人际沟通中的非语言沟通部分——包括声音、动作、表情等——的秘密。无论是在治疗过程中还是在日常交流中，沟通都不止存在于言语层面——我们需要更仔细地观察，用心感受。通读此书后，你就会知道如何将他人的非语言表达当作钥匙，开启其内心世界。

施琪嘉
2016年4月于南京

推荐序　人类行为图谱：可训练+无法伪装

索罗曼先生的这本《身体语言的秘密》是一本非常优秀的书，系统又丰富，能够带给人们轻松的阅读体验。读完它之后，读者能够对人类的身体语言具有通透的认识。

这本书中最鲜明的一个观点是，人类的身体语言并没有唯一性，会因种族、国家、社会阶层、年龄，甚至性别的不同而千差万别。除了对理论加以引用和进行梳理外，作者还在书中列举了我们耳熟能详的人物（如普京、默克尔、马云、王菲等）的案例，并对这些案例进行了分析，以帮助读者理解身体语言的成因和意义。

这本书中最让我印象深刻的内容是，作者承认，刻意训练是一个人身体语言表达的重要影响因素之一。作为专注于研究情绪行为的学者，我能够读到这样观点互补的书籍，是非常开心的。

社交行为（刻意的身体语言）的纷繁复杂使我一度认为，要想全面解读它们的意义几乎没有可能，所以我才专注于研究人类作为动物所具备的行为规律。人类基于生理驱动和情绪驱动的行为是具有共通性的，因此我可以取沧海之一瓢，进行见微知著的底层分析。而索罗曼先生在本书中迎难而上，在实证支持的基础上对千变万化、纷繁复杂的社交行为进行了分门别类的研究，给读者提供了非常清晰的解读。

这本书中的内容对我而言是一个完美的补充，让我感到自己对身体语言的解读能力又提升了一个层次。

这本书还给读者提供了一种宝贵的思维模式，那就是我们不仅要重视言语的意义，更应该重视身体语言的意义。这样的思维模式会帮助大家看清楚身边的每个人。但是这并不意味着某个动作就代表着某个特定的心态。这样的观点未免太过死板，也禁不起考证。在本书所提供的思维模式的帮助下，只要大家对各类文化背景、社会背景、历史背景，以及相关的专业训练具有足够丰富的知识储备，就能够对他人的身体语言进行精准的解读，就能够从更多的角度来获取信息，从而更加理解他人的心理和行为。

有了本书对身体语言所做的系统梳理，再加上我对面部微表情和应激微反应的研究心得，双剑合璧，大家就能够较为完整地评估一个人的所有行为的意义，也许就能做到阅人无数，心中有数了。

姜振宇

2021年4月

序

你的身体比灵魂更有智慧。

——弗里德里希·尼采

那位老人,弓腰坐在饭桌前,用无力的右手拿着筷子将食物缓缓夹起,送入口中,仿佛完全沉浸在自己的世界中。他有着亮泽的银发和弯曲的脊背,脸上刻满岁月的斑驳印记。这一切似乎向人倾诉着他早年的艰辛岁月。这一刻,他无视周边发生的一切,宁静而专注。我端详着这位老人,忽然产生了一个念头:我要用相机捕捉这幅宁静的画面。

我当然不想打扰老人用餐——当时我站在离他30米之外的地方,因此确定不会被他留意到。

我还未来得及按下快门,他那老迈的身躯突然释放出了能量——老人挺直腰板转向我,竭力喊叫,音量大到使我有受威胁的感觉。此般爆发力竟然出自一个神态平和、躯体无力的老者,这让我始料未及。我简直可以称之为奇迹。

我并没有听懂他的话语,不过我已经察觉到自己微微发抖的身体正在不由自主地转向另一个方向。还没来得及听中国同事的解释,我就加快步伐,带着尚未挥去的恐慌,迅速离开了。我至今也不清楚老人具体说了什么，但毫无疑问，我很清楚这段经历对于我的特殊意义——不仅是发生在老人与我之间的非语言沟通所表达出的意义，还有这个意外片刻使我陷入迷惑和恍惚的意义。那一瞬间，我的主观认知力、情绪感知力和感官能力完全丧失了功效。要知道，这些都是我（在我生活的西方文化中）所依赖的，是我在不同情境中获取方向感和安全感的途径。

亲爱的读者，我为什么要向你们讲述这段经历呢？我想赋予它什么意义呢？是什么促使我一定要在本书中提及此事？

这段与中国老人的遭遇显示了非语言沟通的强大力量。尽管人们在语言沟通中不能相互理解，身体语言沟通的效果通常却出人意料地直接、高效和准确。研究人员指出，沟通效果的来源包括三方面：文字意义（占7%~10%）、语音语调（约占25%）和身体语言及其他非语言表达（约占65%）。我的这段经历让我对这个结论更加信服。

我的学习体会是：

➢ 身体语言总能在瞬间发挥出直接效应，这种效应是不可避免的。没有人能够摆脱身体语言沟通。

➢ 身体语言作为非言语信息，能调动整个机体和情绪。这种自我表达经常因为摆脱了其所属的社会文化圈中固有的依赖因素而达到令人意想不到的效果。

➢ 身体语言作为非言语信息总能够唤起他人的身体反应和情感反应。在这一刻，你"仅仅是你的身体"。人们基于个体的身体经验来了解这个过程，并对其做出诠释。

➢（接收信号者）身体的反应和情绪的反应（如上述例子中的被迫情绪）将直接导致行为和动作的产生（如上述例子中的扭头离开）。这种冲动一般是不可抗拒的，因为其存在和发生都处于无意识的自发状态中。

➢身体语言表达的冲动越是强烈，人们放弃对感官能力的依赖并在新状况下"丢失方向"的可能性越大。随之而来的压力会导致人们表现出对抗、逃避或是无动于衷等行为。

➢随着紧张反应的减弱，身体和情绪逐渐恢复平静，人们会惊异于自身刚刚经历的体验，并感到不知所措。针对这个新体验进行自我反思或与自我对话，可以让非言语交流更有条理。这种惊异感让人们打开了对自身感官和情绪层面的非语言沟通进行认知的通道，也增进了人们对自己身体语言的了解。这个学习过程建立在身体与情感的共鸣、自我反思和自我对话以及与他人进行沟通的共同作用之上。

我的上述经历证实，身体语言是一种存在于体验中的语言，是一种有效的沟通方式。首先，身体语言是一幅如同照片一样的定格影像（比如我看到了一个特定的面部表情，知道这是一个微笑）；其次，身体语言是人与人之间的互动，可以活跃语言交流并使其具备某种特征；再次，身体语言可以为沟通过程增添吸引力。想象一下，如果你看到的不仅是对方的双眼，还有那双眼睛中闪烁的光芒，那么你自然愿意在那里多停留一会儿。这双眼睛

"俘虏"了你，将你带进了交流状态。之所以说"俘虏"，是因为你无法拒绝去感受自身无意识的内在情感反馈和对此做出反应的冲动。这种冲动是始终无法在交流对象面前隐藏的。因此，对方会意识到你的状态、你的感受，以及你会做出的反应。顺便说一句，对于恋爱中的人而言，这种非语言互动是一份妙不可言的礼物。

在我和中国人接触的初期，他们的面孔在我眼中似乎都是同一个样子。尽管我可以观察到他们面部语言和身体反应的个体差异，但由于我面对的是一种陌生的文化，所以无法确定自己是否可以理解这些表达方式的含义。这就如同当我还是婴儿时无法理解我身处的西方文化一样。上文提到的经历正是发生在这段时期。

随着与中国人接触的增多，我开始以顺其自然的态度对他们进行观察和感知。不知不觉地，我逐渐抛开了固有的西方思维和行动模式，开始依据自己的身心召唤做出反应。当植根于我心中的西方文化不再起主导作用时，我的非语言沟通开始了如同"发现新大陆，发现新人类"的冒险之旅。认知浅薄的我浸泡在一个完全陌生的世界中。恰恰是我的不急于求甚解和充满好奇，使我放下包袱，开始依靠身体和心灵去感受和认识如此新奇的中国文化。

亲爱的读者，我诚邀您借此书踏上丰富多彩的身体语言沟通之旅。身体语言不仅是我们所看到的如同照片一样的姿态和动作,也是人们感受到召唤后做出的回应和反馈。

> 非语言沟通通常包含其所表达的意义(身体语言)和所造成的印象(个体情感触觉)两方面。

请谅解我在本书中没有提出简单的指导性建议,诸如大声说话是一种攻击性表达,或者大笑是高兴的表现。要知道,一个响亮的声音表达的可能是气愤,也可能是高亢的情绪、强烈的痴迷或者炽热的激情。那么笑声又意味着什么呢?它可以表达喜悦和幸福,也可以是自我消遣或者自我安慰的方式(比如在东南亚地区)。此外,笑声在特定情境下也可以具有讽刺意味或者被用来掩盖内心的不安。

我不想把这个话题复杂化了,只要想象一下气愤的不同表现形式——说气话、克制怒气或者大发雷霆,大家肯定就能够理解我的意思。同样的,你可能也体会过不同的笑,比如愉快的欢笑、无声含蓄的笑、调皮的微笑,或是灿烂的开怀大笑。通常,同属于一个文化圈的人们能够本能地正确理解他人的面部表情含义,并对之做出回应。

我在本书中将向大家详细解释什么是身体语言和非言语交流方式,并介绍在西方关于这方面的主要研究成果和意义。我努力通过不同层面来介绍这个主题，一方面帮助大家了解西方人的观察视角，另一方面使大家了解一些学术研究的理论成果。

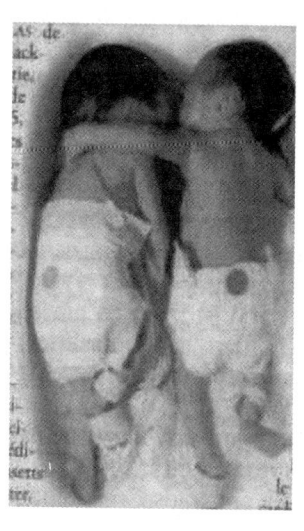

拯救的拥抱

注：这张图片来自一篇名为《拯救的拥抱》的文章。这篇文章详细地记录了一对双胞胎出生后第一个星期的生活。一开始，两个婴儿被分别放置在各自的保温箱里。不久，妹妹被判定无法存活了。一名护士违反医院的规定将姐妹俩放到了同一个保温箱中。当她们被放到一起的时候，相对健康的姐姐将妹妹怜爱地拥入怀中。这时，妹妹的心率和体温都升至了正常范围。（http://www.daurelia.com/spirit/rescue.htm）

这本书不是具体的针对身体表达信号的行动指南（请回想一下我在上文提到的气愤和笑的不同形式），因此，请不要指望这本书能够给出行动处方。大家需要做的是怀着孩子般的好奇，积极地投入对交流对象的观察中，留意他的面部表情、动作、姿势。在观察的同时大家还要留意自身的感受：对方的身体语言给你留下了什么印象？你对此又产生了哪些想法？如果情况允许，你可以就自己看到的、听到的、想到的与对方进行交流。非语言沟通包含着表达和印象两个方面，它实际上是自身表达出的画面和对方接收到的画面共同作用的结果。

请大家不要急于对眼睛所观察到的身体语言信息做出鲁莽判断。有一点请大家铭记于心：人各有别，身体语言也因人而异。此外，身体语言仅在发生的瞬间可以得到识别。

身体语言的发生背景当然也是一个不得不考虑的因素。人们从事的职业、所处的社会环境和文化圈中都可能有特殊的身体语言符号。

在中国文化中，直视对方的双眼或者直截了当地审视对方或许并不受到广泛认可。尽管如此，我仍然要鼓励大家勇敢地做出这种尝试，开始一段对身体语言的认知之旅。请不要忘记，人类是在不断自我更新的，你今日的所见、所感也许在明天就会被赋予新的含义。如果你在这个认知之旅中遇到任何问题并愿意与我分享，欢迎通过邮件与我联系（sollmann@sollmann-online.de）。我将会在下一本以中国人的身体语言为主题的书中就你的经历做出回应。

对于世界图书出版公司在中国出版我这本书的邀请，我深感荣幸。我要特别感谢促成我和出版社友好合作的施琪嘉教授，以及为这本书的翻译工作和顺利出版提供支持的于彬老师。

我非常高兴能够结识中德心理治疗研究院的施琪嘉教授。他在我眼中是一个情感细腻、不乏幽默感的实干家。对于中国心理学科研究的进步和发展来说，他功不可没。我对他深表崇敬。

我还由衷地感谢赵旭东教授。他常年以务实的作风、严谨的学术态度和崇高的敬业精神投身于中国心理治疗和康复的普及工作。我通过他了解到认知心理学在中国发展的重要性，希望通过这本书的出版为此尽一份薄力。

我接下来要感谢的是上海复旦大学心理学系的孙时进教授。在我为他所在的院系做完一个以"身体和个性"为主题的演讲后，他鼓励我将我的有关身体语言的书籍翻译成中文。他讲道，中国和西方国家的经济往来发展势头正好，而中国在探索人性方面（譬如在心理学和心理治疗领域）的发展需求激增。这让他看到了中西方交流合作的巨大潜力。

作为中德心理治疗研究院的成员，我有幸多次受邀到中国发表演讲，介绍身体对于人性发展、人际交流和心理治疗的重要意义。我在中国进行工作访问的经历，以及在德国时与中国朋友的交往总是充满惊喜并令人难忘。这些极大地丰富了我的人生，并给我以莫大的启迪。我要感谢我所有的中国同事和朋友。

我的中国同行对这个学科的求知欲和他们在分享体验过程中表现出的专业素养令我印象深刻。事实上，这种非语言沟通的练习对于大多数中国同行而言都是陌生的。在练习过程中，大家展示自我，观察彼此，时而爆发出孩童般爽朗的笑声，时而惊异于自身的感受和领悟。大家表达出将身体取向疗法运用到心理治疗工作中的迫切愿望。

在工作过程中我与几位中国同行建立了深厚的友谊，例如北京大学的方新和上海遨翔公司的刘涛。此外，几位年轻同行和翻译，如北京的张明和陈慧菁，也对我了解中国身体语言著作提供了莫大的帮助。请恕我在此不能一一提名致谢。

与诸多中国友人的接触如同一个跨文化交际的缩影，使我在开放坦诚的互动过程中拓宽了视野，加深了对中国文化的理解。在起始阶段这并非易事。在与陈慧菁刚刚认识时，我俩在交流中谨慎地寻找一种有效的沟通方式——交流默契本身就是一种只可意会不可言传的东西。随后我们穿梭于北京的大街小巷，观察来往人群。我时常会提出一些天真的问题，她的回答逐渐解开了我内心的种种谜团，让我了解了传统文化在当今中国社会发挥的作用。我决定理清思路，用文字将自己在中国的跨文化经历记录下来。

我对于自己在中国的工作所取得的一些成果和积极反响非常喜悦；尤其是当我看到自己所做的事情提高了人们对身体语言沟通的关注时，内心倍感欣慰。不久前，我应上海市精神卫生中心的邀请，开展了身体取向心理治疗的培训，向医生、心理咨询师和社会工作者讲述了精神疾病中身体和心理因素的联系，帮助他们在工作中使用身体取向疗法。在此，我要感谢此次培训的负责人仇剑崟老师。

目前，我的部分演讲已经可以在网上观看（网址为www.iespy.com）。我要感谢伍妍老师为此付出的努力。

我要感谢的最后一位中国朋友是本书的译者何媛女士。我与她就此书进行了多次深入、有趣的面对面探讨。她的语言表达能力和对工作的投入使我钦佩。不仅如此，她对于本书该如何结合跨文化视角所发表的真知灼见使我深受启发。我们共同修改文稿并增添了部分内容，以便将此书更好地呈现给中国读者。我深信，她不仅完成了翻译工作，而且建立了一座连接德国文字和中国读者的桥梁。她的付出对本书的出版至关重要。

我还要特别感谢的是我的太太玛格丽特，感谢她对我长年累月的大力支持及对本书的批判性见解和建设性意见。此外，我的女儿夏洛特和儿子马克思也对我认知的提高有着积极的影响——随着他们的成长，我目睹了人类身体发育的全过程。他们的生命是我的生命的重要组成部分。

当然，我不会忘记感谢我尊敬的老师，德国波鸿大学的卡尔克·鲁文教授和亲爱的朋友，扬恩博士。

与中国结下的情缘不仅使我在工作上受益匪浅，也极大地丰富了我的人生。我的内心充满感激和幸福。

2015年12月于德国波鸿

前言

身体语言就像是被忘却的母语。虽然我们每个人都在使用它（Molcho，1983），却不一定懂得其含义。作为社会化、跨文化的全球性沟通媒介，身体语言不仅由于日益增多的跨文化交流（出于对另外一种文化的好奇）而受到越来越多的关注，而且也在系统性身心治疗和咨询领域中有着学术上的现实意义。有关身体语言的畅销科普读物更是数不胜数。还有一些电视节目（如德国VOX电视台的《别对我撒谎》、德国卫星一台的《超感神探》），通过引人入胜的情节，对身体语言的奥妙进行生动有趣的讲述，激发观众在亲友和熟人圈中寻找"蛛丝马迹"的兴趣。对身体语言的关注为人际交往注入了一剂新型兴奋剂。可以说，如果人们没有感受到这种直接影响到人际交往的"蛛丝马迹"，没有对它进行表达，那么对身体语言的关注便无从谈起。在我看来，这解释了为什么此类电视节目会如此流行。

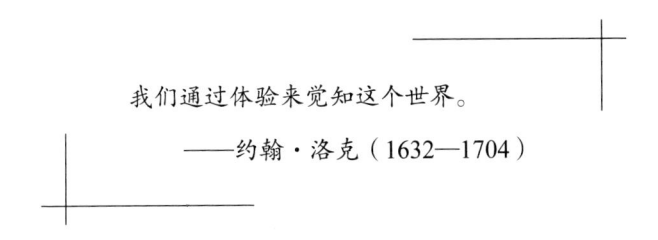

> 我们通过体验来觉知这个世界。
> ——约翰·洛克（1632—1704）

显而易见的是，身体语言没有唯一性。世界上没有一种特定的身体表达方式可以使跨文化交流畅通无阻。当来自不同国家、具有不同文化背景的人相遇时，身体语言会表达出母语般的文化共性。身体语言本身也是一种（非语言）交流方式。

当人们提及非语言表达和非语言沟通时，一般来说是指身体语言。身体语言一方面包括表情、动作和体态，另一方面也将声调和语音表达纳入其中。"语音表达"一词在日常生活的不同语境中的语义并不一致。"非语言"这个概念带有一定的不明确性，容易引起歧义。由于"身体语言"一词在日常口语和学术领域中被广泛运用，我在本书中明确了它的概念——如前文所说，一切非语言的表达性行为都是身体语言。

目前，研究此领域的同行普遍认为，在对身体语言进行诠释时应与其产生和存在的社会文化背景相结合。这一理论在众多学术著作中被轻视甚至完全忽略，尤其是在一系列强调身体语言的实际应用的通俗读物中。这类读物强调简单的实用主义原则，即让读者在阅读完毕后有能力通读每个人的身体语言，或者承诺可以使读者将学到的身体语言技巧照搬到实际生活中。身体语言的观察角度由此被过于频繁地简化为照片定格式，譬如在一些书籍或者文章中会出现诸如此类的描述：将双臂交叉在胸前是一种拒绝的表达。当人们坚信这种片面的理论时，将毫不怀疑地认为这就是对方的交流意图。然而，将双臂交叉于胸前也可以表示：

> 人们感到寒冷，想通过拥抱自己取暖；
> 人们久站后想更换姿势；
> 人们想向外界展示自己的强大和权势；
> 人们在效仿其他人。

……

关于身体语言的众多读物一般可归类为两种截然不同的立场：一种将身体语言理解为自我表达方式，认为人们在日常交流中只要能正确理解这些特征的含义便可以做出正确的回应；另一种则将身体语言比喻成一种图像，一种个体在他人眼中的成像，包括动作、表情和姿势。在第一种理论中，身体语言被理解为个体根深蒂固的性格特点；第二种理论则强调观察者的主观感受，认为身体语言是其结合想象力、记忆力和判断力对所观察到的现象加以解释的结果。

简言之，前者认为身体语言是观察对象的个体特点，后者认为它是观察者对观察对象做出的诠释。

事实上，身体语言沟通是结合上述两种观察角度的以沟通为目的的交流，植根于社会文化背景。

在日常生活中，每当人们得知我是身体语言领域的专家时，往往会表现出极大的兴趣，希望了解所谓的身体语言的奥秘。与这种好奇心相伴的是内心的不安——他们担心我通过对身体语言的类似 X 光的透视阅读，掌握他们内心的秘密。随着我们对这个话题展开讨论，很多人会下意识地认为，只要稍加努力，自己也可以具备阅读身体语言的本领，从而在人际交往中处于有利位置。

我本人在扮演这个"解密者"的过程中也会窃窃自喜——因为他人的认可是对我的价值的肯定。这也能使我更轻松地赢得他人的信任，使我在表达中真实地释放自我；也更加便于我捕捉对方在非语言层面发生的点点滴滴。当人们全身心地投入谈话中时，面部表情和肢体动作也会不由自主地生动、丰富起来。

在我所从事的工作中，也就是在心理治疗、心理咨询、心理培训、人物解析等领域中，对非语言沟通因素进行综合考虑的方法已经获得了业界的广泛认可和重视。媒体对此的关注也与日俱增。

编著一本以身体语言及其在心理治疗中的运用为主题的入门性书籍对于我来说并非易事。难处在于该如何在大量的基于不同出发点的研究理论成果中做出选择，并将它们用简明、清晰的学术语言解释给读者。说到底，入门性书籍应该提供给读者综合性信息和多种选择，从而使他们获取认知导向，然后根据自己的兴趣和需求选择相关的专题性读物。

在我看来，身体取向疗法的理论基础包括如下内容：相关理论的主要研究历史和成果、身体语言的观察视角、身体内生循环和外生循环、人类身心发展过程和身体取向治疗的基本方法等。

第一章

身体语言让你更接近真相

某人单脚站立许久，随着肌肉渐渐麻木，腿部开始酸痛。他十分吃力地继续保持着身体的平衡。不仅是腿部，他全身的肌肉都因受到这一非寻常姿势的影响而处于紧绷状态，几近痉挛。这个人看起来痛苦不堪，终于开始向他人求救。

这时，有人开始通过按摩使其腿部肌肉得到放松；有人帮助他做颈部运动；还有一个人索性伸出手臂供他依靠，以避免其身体倾斜。旁观的人纷纷发表自己的见解。一个年迈的智者告诉当事人应该想想那些失去双腿而根本无法站立的人，这样就能意识到自己有多么幸运，也就不会觉得那么痛苦了。他旁边的一个年轻人则坚定地提出，当事人只要竭力想象自己轻如鸿毛，便可以一身轻松。还有人轻声议论道："年轻人翅膀还没变硬呢，慢慢磨炼吧。"

最后，一个路人轻描淡写地说道："你既然有两条腿，为什么不放下另一条呢？"（Peseschkian，2009）

这个故事告诉我们，帮助他人解决问题并非易事。在我所从事的身心康复领域，许多同行虽然给来访者提供了有价值的参考性建议，可以在某种程度上缓解来访者的痛苦，却没有找到问题的根源，无法使来访者真正摆脱无助的状态。如果治疗师仅从理论出发，戴上有色眼镜对来访者进行观察，而不是首先将他作为一个普普通通的人去认识和感知，是不可能帮助来访者脱离困境的。

在心理康复工作中，身体取向治疗已经成为基本治疗理念中很重要的一部分。但是如果仅从身体的一个层面出发，即使是专家也很难解决问题。故事中的最后一个人对单脚站立者的身体进行了整体认知，最终找到了问题的根源，提出了最行之有效的建议。

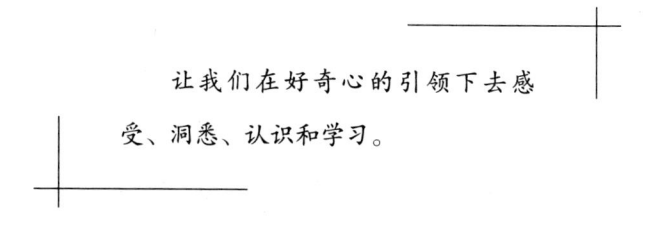

> 让我们在好奇心的引领下去感受、洞悉、认识和学习。

第一章　身体语言让你更接近真相

各领域对身体语言的研究

学术研究

在哲学领域，有关身体语言、非语言沟通、修辞学和辩论术的研究已超过两千年。早在公元前3世纪，古希腊哲学家和修辞学家亚里士多德便已提出身体语言、非语言沟通和个人表达在社会和政治生活中不可低估的重要意义。在他看来，有助于沟通的因素主要有三个，即个体的信誉、能力和共情特质。这些因素会通过面部表情、手势和姿态，结合声音的强度、节奏等体现出来。如亚里士多德所说，沟通对象如果具备相关能力，便可以从中"找到身体语言的钥匙，如同阅读一本打开的书一样阅读一个人"。（Renner，1999）从事身体语言和非语言沟通的理论研究，正好呼应了"理论"一词的古希腊传统定义。希腊语中"理论（theoria）"的本意为"观看与审视"（Duden，1966），而不是我们如今通常认为的"抽象概念"。

18世纪末，利希滕贝格提出："对我们而言，世上最有趣的表面就是人脸。"（Renner，1999）这一观点激发了学术界的研究热情。利希滕贝格一方面相信理解面部表情对理解人类有着重要意义，另一方面，又对该观点持怀疑态度。身体从来就不是心理独有的直接表达途径，两者之间甚至不存在直接的因果关系。身体的主要作用是内与外、自我与世界的交会点。因此，利希滕贝格不接受拉瓦特的"面相学推论"。（Renner，1999）

拉瓦特将人的行为和身体的表达能力假定为一套自身的语义，并研究了一套"相面技巧"。例如，他特别观察了鼻形、眼睛的位置、脸形等细节，对其加以描述，为这些面部特征赋予含义，并将之与动物的特征进行比较。拉瓦特认定这些面部特征是与生俱来的。人们只需准确识别这些面部特征，便可了解相应的个性特征，并决定如何与不同类型的人相处。"拉瓦特作为面相大师，将寻找一种人类原始语言视为己任。这种努力至少使人们向探究梦寐以求的原始具体真相迈进了一步。"（Renner，1999）在此过程中，拉瓦特忽略了将语境、社会文化和历史发展等因素纳入考虑范围的必要性，也未将观察者的自身因素和感知过程考虑在内。

19世纪下半叶，自然学家亥姆霍兹提出，拉瓦特的研究结果很可能将观察自然和人类的视角引向错误的方向。该观点得到了科学界的普遍认同。亥姆霍兹指引人们认识到，看似移到地平线之下的太阳其实从未真正下落、消失，它仅仅是在我们可认知的经验范围内"消失"，而在地球的另一处"升起"。他认为，自然属性，包括人的本性，长久以来一直和具体经验密切相

第一章　身体语言让你更接近真相

关。对自然以及人类身体表达的认知是以个人经验和情感关系等因素为基础的，是在特定的空间和环境下进行综合评估的结果。拉瓦特提出的面相是自然的一部分并具备固有特性的论断由此受到质疑，甚至被完全推翻了。

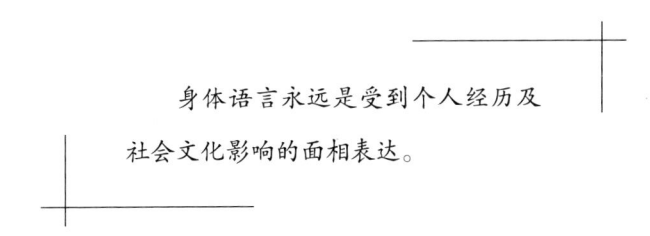

> 身体语言永远是受到个人经历及社会文化影响的面相表达。

19世纪，英国博物学家达尔文对身体语言、表达行为和情绪表现进行了全面、系统的剖析。抱着对"视觉感受往往会导致错误结论"（Darwin, 2000）这一理论的笃信，达尔文断然推翻了拉瓦特的观点，即可以通过阅读"人体表面"解读人的身体语言。达尔文探究了情感的基本表达方式，假定这是人们应对环境影响的一种原始的适应方式。

达尔文横跨不同科学领域，结合生活实践、社会文化环境等因素，对身体、情感、个性和行为之间的关系进行了研究和实践。基础科学领域，如婴儿情感、脑科学等，侧重于综合性、系统性的理论研究；而包括精神分析学和人文科学（后者已发展了数千年）在内的专科研究则在提供大量理论基础的同时，将理论与实践相结合，为治疗的发展开辟了路径。

20世纪30年代，面相学在德国不幸成为纳粹分子的宣传手段和行动工具。（Barth，1999）其理论来源主要为胡特尔和兰布罗索的观点。精神病学家兰布罗索发展了面相学研究，试图根据身体特征识别潜在的犯罪行为。面相心理学家胡特尔则发展了面相学在生活指导领域的实际应用意义。其理念至今仍在瑞士等许多国家和地区受到推崇。由于受到政治取向、种族思想等方面的影响，上述理论的许多拥护者坚信：不同人种，例如犹太人、斯拉夫人和雅利安人，各自具备典型的身体特征——这种特征尤其体现在面部（Burger-Villingen，1912）。

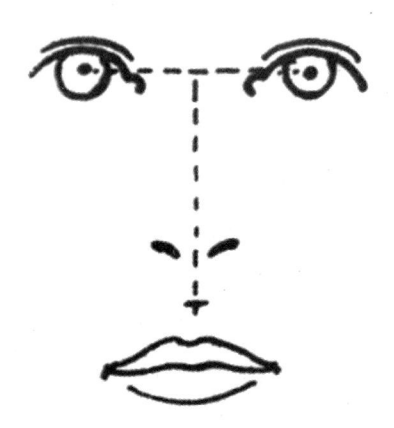

图1.1 "面部特征决定灵魂"面相分析说（Burger-Villingen，1912）
注：德国纳粹分子通过该理论进行了种族优劣的划分

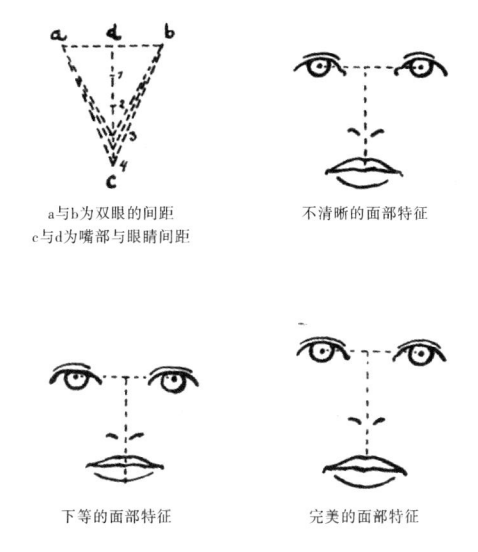

a与b为双眼的间距
c与d为嘴部与眼睛间距

不清晰的面部特征

下等的面部特征

完美的面部特征

图1.2　不同的面部特征（Burger-Villingen，1912）

直到1973年，作为对纳粹"恐怖时代"迟到的反省，联邦德国才将表达心理学从教学大纲中删除。

尽管延迟了几十年，但是人们终于重新以严谨的学术态度对待印象心理学了。这是积极的一面。不久后，弗雷凭借其研究建立了连接表达心理学与印象心理学的桥梁。"表达"是指人们展现出了什么，以及与此相关联的功效和意义是什么。印象心理学强调特定的现象和形象在人心里引起或触发了什么，即某人如何解读其感知到的事物。电视和互联网的发展，加上"对视觉刺激看似不可替代的兴趣"（Frey，1999），促使人们开始研究感知的核心领域，即对人类身体语言表达的感知。不同于强调文字内涵和理性逻辑在人际沟通中占有主导地位的理论，弗雷的研究结果证实了身体语言表达和非语言沟通的重要意义。人类的感知习惯和对行为的解读方式究竟是如何形成的？对该问题的思考带来的是研究角度的历史性转变。正如弗雷所讲："人们开始从终端出发，从接收者的角度探讨沟通过程。"（Frey，1999）这也是弗雷的重要功劳。

在过去的二三十年中，行为研究、行为生物学及大众心理学的研究者对该课题做出了进一步探索，使其得到了大众的广泛关注。基础科学的研究结果也由此成为日常沟通的组成部分。关于身体语言和非语言沟通的论述丰富多样，该课题具有强大的吸引力。这可以在社会大众广泛的相关言论中得到证实——仅需想想图恩以沟通为主题的著作是多么受欢迎就足够了。

跨学科交流与深入的基础性研究在新世纪的学术界广泛兴起，随之而来的是出人意料的不同于传统并且有着充分依据的理论结果。这些结果逐渐与实践结合，也还算成功地被人们运用到了社会的各领域中。后来，这种实践越来越多地体现出具体的可利用价值，尤其是在经济领域（如市场营销、消费行为分析等）。

进而，人们可将这些在过去几年中被热烈讨论的话题归于海森堡的科学理论传统。海森堡明确指出："传统物理学认为人们能够描述那些并未亲身经历过的现象。如今，这种幻觉已经破灭。"（Heisenberg，1989）

第一章　身体语言让你更接近真相

> 归根结底，在对身体语言的感知和评价过程中，我们不可将感知主体及特定环境下的感知过程排除在外。

此外，观察者和被观察者之间的非语言沟通过程也被开启了。这种沟通是建立在特定的兴趣和需求之上的，因此绝非毫无目的的行为。

科普读物

与借助学术方法理解和运用身体语言的角度不同，大众科学采用的方式相对简单。在我看来，大众科学通常从某一现象出发，并结合照片定格式的观察、身体语言现象的归类，以及相关的社会心理学内容对身体语言进行解读和归因。值得注意的是，大众科普类读物或节目缺乏对身体观察、身体感知和评估过程的说明和概括性描述。因此，读者和观众往往会产生下面这种印象并对此深信不疑：在日常生活中，我们只要牢记书中或节目中的案例和心理学解释，便可提升自己对身体语言所做评估的准确率。

诚然，在私人空间中洞察、分析周边亲友身体语言的体验一定很有趣。人们还会由此产生高人一等的满足感。取得这种效果恰恰是一些私营电台晚间娱乐性节目的初衷。

部分科普作品使人们认为，在评估他人身体语言的过程中，自身并不属于被考虑的因素。其实，这种观点不仅不利于深入地、差异化地解析身体语言，而且会强化"抽屉式"惯有思维，在实际运用中引发误解，干扰人际间的非语言沟通。

> 科普文学将人们的思维局限在狭窄的"抽屉"中，令它无法恰当地反映身体语言的含义。

这里举几个科普读物中的典型例子：

莫尔肖是身体语言方面最出名的大众科普代表人物之一。作为维也纳马克思·莱茵哈特学院执教多年的教授和哑剧演员，他被认为是身体语言这种交流媒介的专家。用他本人的话来说，身体是"精神的手套"。莫尔肖对解读身体语言的不同途径进行了区分，并援引了不同的规则——分别适用于青春期、成人期等不同阶段，以及不同的文化圈。

他在书中和课堂上对该主题的呈现方式，让人们误以为他仅仅代表着"大师的观点"，因为他并没有详尽阐释身体的感知过程和对非语言沟通的评估。这也使人们对莫尔肖的自身经验产生

第一章　身体语言让你更接近真相

广泛认同，而不是对该主题进行批判性思考。

吕克勒的《经理人的身体语言》一书因专门针对特定场合和社会群体的应用性描述而开创了同类主题出版物的先例。尽管吕克勒详细描述了有关儿童身心发展及个性和沟通的关系等内容，但他提供给读者的一系列深奥的心理学解释模型，导致众多目标读者丧失阅读兴趣，或者感到无从下手。这使人们意识到，畅销读物最终要具备如同麦当劳一样的"快餐特质"。

在美国，有一本畅销书是科利特的《体态秘语：身体语言手册》，他将微妙的非语言信号比喻为路标，认为身体语言是可操作的和系统化的。科利特借此暗示，人们只有及时识别这些"泄密"信息并做出反应，才能真正改善（非语言）交流。这里说的改善是指更好地理解他人，揭开他人的体态秘语，并且更加留意自己身上的这类信号。"泄密"的说法不禁让人联想起埃克曼观察到的微表达（埃克曼是对身体语言做出科学解释的代表人物之一）。但是，正如科利特（2004）和埃克曼（2007）所证实的那样，这种微表达只能被真正受过训练的眼睛捕捉到，它的持续时间仅为八分之一秒。换言之，实际上只有极少数的人能真正"看穿"这些"泄密"信息；通过一本书学习认识这种面部的微小动作更是天方夜谭——这俨然已经超出我们常人的意识控制范围。如果观察对象还正巧在皮肤里注射了肉毒杆菌毒素，脸部根本展现不出自然、本能的表情，那么一切努力就更是徒劳了。

身为前FBI探员的纳瓦罗著有《让读人像读一本打开的书！》

等身体语言畅销书。他声称可以为一些问题提供"专利性"解答，如：他表达的是真实想法吗？他说的是真实情况吗？他到底是怎么看待我的？……

在过去的二三十年中，纳瓦罗的任务是发掘间谍苗子。他的方法是观察对方的身体语言，分析对方的想法和感受。纳瓦罗信誓旦旦地声称，读者在读完他的书后可以看懂他人，识别欺骗手段，甚至"完全揭掉他人身体语言的面具"。他在FBI的工作经历自然使其话语具备一定的权威性。这大大地吊起了读者的胃口，让他们十分期待掌握纳瓦罗的专业技能。鉴于观察者的动机在阅读身体语言过程中起的作用，我已经能预想到，在读过那本书后，一群冒牌的"FBI探员"将如何干扰沟通的正常进行。

身体语言具备属于自己的语法——其大部分内容适用于所有文化。

科学文献

斯特里克的小册子《手势及其与治疗的联系》让人读起来很舒服。这本书重点探讨的是"他人在场时行为的表现形式"及"被治疗者和观察者在真实关系中的互动与交流"（Streeck，2009）。从身体语言解读的科学性来看，这本书的水准明显比科普读物高出一等。

特劳特曼·福格特所著《身体语言的语法》的主要内容可以概括为，通过非语言暗示信息，如视线接触、手势、面部表

第一章　身体语言让你更接近真相

情、姿势等进行情感交流——这些因素构成了个体间的交流场。福格特研究出了一套身体语言的差异化系统。在此之前，针对特定领域（如婴儿情感方面）的身体语言研究成果还寥寥无几。尽管身体心理治疗学吸纳了身体语言和非语言表达方式的研究成果，并将其视为不同因素综合作用的结果，但这种探究并没有被应用到治疗领域以外更广泛的空间。该书对身体语言和非语言沟通进行了理论性规整，并在描述身体语言沟通的主要元素方面做出了新的尝试。身体语言始终被视为身体表达的整体，其中包括身体接触、身体动作、手势、体态、面部表情、语音、语速和语调；其呈现出的是一幅完整的画面，包括声音表达和身体的连续性动作等。（Trautmann-Voigt & Voigt，2009）此外，作者还借助希腊语中对语法的理解（原意为语言学或语言艺术），将这个概念应用到身体上，认为身体语言是"个体语貌、语义单元、分类变化、结构形式及这些因素在整个体系中的融合和相互作用"（Trautmann-Voigt & Voigt，2009）。就此来说，对于想要在本课题上进行深入研究和差异化研究的读者而言，这本书是不可或缺的基础著作。

以上仅仅列举了一小部分有代表性的文献。

身体语言没有唯一性

人们通常会出于某种特别的原因而对身体语言感兴趣,比如想要满足生活或工作的要求。有些人通过阅读和思考,开始关注这方面的知识。主观的内在参考系统可以对身体语言的感知和评价产生决定性的影响。

在我生活的西方,具有科学基础的理念在文化圈中占主导地位——包括以科学为基础的大众科学理念,但不包括稀奇的理论或意识形态理念。我在此书中所阐述的理论主要来源于身心治疗研究和赖希疗法,并以心理学、传播学、戏剧学和医学的学术观点作为辅助支撑。我的写作初衷不是以"分析家"的立场对身体语言进行脱离实际的评估,而是聚焦于具体的、有针对性的应用。

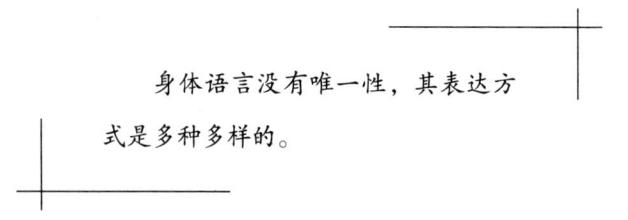

> 身体语言没有唯一性,其表达方式是多种多样的。

第一章　身体语言让你更接近真相

总体而言，我在本书中要阐述的身体语言的三个主要方面为：

➢ 身心功能模型
➢ 非语言沟通及人际交往关系模型
➢ 人类生理和心理发展结构模型

图1.3　非语言沟通的身体语言

案例1
普京：他要掩饰什么？

俄罗斯总统普京非常擅长非言语表达。他时而颐指气使，时而轻松微笑。其威胁性言论仅仅是为了煽风点火还是要表明立场？他的面部表情和动作、手势又传达出哪些信息呢？

在一般情况下，普京会努力保持一副轻松的状态，尽量避免因"犯错"而暴露自己的内心世界。然而，一些细节暴露出的信号却是不能被掩盖的。

比如，普京喜欢张开双腿，以一种不对称的姿势坐着。他经常将右臂搭在椅子扶手上，左臂弯曲，左手支在扶手上——时而握拳，肘部悬在空中。在这个姿势中，他的双腿和左臂显示出他的强势，而他试图通过右臂的随意摆放和身体的倾斜传达相反的信号。

这种矛盾也体现在他的面部表情上——温和与冷峻共存。他在说话时常会做出轻轻皱眉或者抬高双眉的动作，这显然是下意识的举动。然而这种不悦或者攻击性的表达会被随即做出的友善表现所遮掩，比如通过睁大双眼传递出友好的信号，就像猎人通过诱饵迷惑猎物一样。

第一章　身体语言让你更接近真相

作为世界政坛的风云人物，普京早已身经百战，在媒体面前沉着冷静。他通过运用强大的自控力，力求表现出百分之二百的自信，这样做恰恰是为了掩盖内心的一丝紧张。普京向外界传达出两种含义截然不同的重要信号：一方面，他要向西方世界展现出他的深思熟虑，尤其是要在危急关头传递出"我不得不做出这个决定"的信号；另一方面，他又要显示出坚定的决心，即"不要拿我的话当儿戏，我说到做到"，以便使其威胁性言论具有震慑力。

普京身体语言的两面性传达出两种不一致的信息，这是他典型的行为模式，尤其是在严峻形势使他倍感压力时。他在电视画面中经常展露的这一面，恰恰暴露了他长期身负重压的状态。

他一方面显示出自己轻松淡定的态度，另一方面则突显了自己的铁腕作风。他时而目光低垂，似乎在沉思。他的眼神不禁使人发出疑问：他真能如此从容不迫吗？

普京与他人的眼神交流总是很短促。这也毫不奇怪——记者通常仅仅忙于记录他的话语，而不是做出回应。他的目光会游离到空中，直到找到适当的位置才停住。当他强调某事时，会向对方投出深邃的目光。他在谈话中经常略微低下头，用自下而上的目光看着对方。在一般情况下，这样会给人留下不自信的印象，然而在普京身上却恰恰相反——这样使其显得更加强势，仿佛老师用批判的目光审视学生一样。

普京无时无刻不在向外界表达其自信。在与记者的对话中，即便谈到严肃的话题，他也会习惯性地摆出处事不惊的姿态。

普京作为政治人物自然很清楚，交流不可能总在和谐的氛围中进行，但起码要显得一切尽在掌握。因此他学会了通过强大的自我控制来压制内心的火焰，以及通过打断对方来掌握主动权。

我们只要仔细倾听就不难发现，他明明就是在宣读圣旨——然后他会轻松地坐回椅子上，带着一副平静的神情。然而他的脚会不由自主地晃动——这显示出其内心的焦虑不安。这样的矛盾经常可以在普京的身体语言中被捕捉到。

"时刻显示出自己居高临下"可以说是普京的标签。他的身体语言却流露出了紧张的情绪——虽然并不明显。人们在不自信时往往会做出相反的表现，比如用夸张的幽默感或者强大的包容心掩盖自己的弱点。普京的体型并不高大，他会通过强势的作风来达到预想的效果也不足为奇。

如前任苏联领导人赫鲁晓夫一样，普京向外发出明确的信号：我占据优势地位，将永远保持强者作风。我不会轻易行动，但我具有强大的权力，只要我想那么做，就可以达到目的。

普京在1991年曾经参加过身体语言培训。当年的培训师是心理学家亚伦·皮斯。他在谈到这位学生时说道，普京非常机灵，从一开始就显示出严肃、紧绷甚至带有威胁感的面部表情——这似乎是他谈话时随身携带的武器。毫无疑问，这会使人心悸不安。而他教会普京的则是如何给他人以友善之感，也就是说，收起带有攻击性的身体语言。然而媒体不喜欢这一套。

普京恰恰因其坚韧有力的眼神和不苟言笑的风格而受到大众追捧。极少的目光交流和手势可以被视为不愿透露内心情感的表现。亚伦·皮斯强调，普京至今都没有放弃他的苏维埃式表情。

在苏联时代，当众流露情感不符合政治人物的角色属性。普京并不是那个时代的政治人物。他的表情和手势体现的更多是个人的行为模式。

这种行为模式带有明显的"强者生存法则"特征。这个法则不一定和政治形势有关，而是对普京成长经历的影射。具体是什么经历并不重要，重要的是，普京的这种基本姿态已经成为他行为的下意识动机。毫无疑问，这种带有普京个人色彩的姿态在俄罗斯与乌克兰的争端中发挥了重要作用。

普京的理解力超群。他在当年参加身体语言培训时就显示出了极强的洞察力。他在倾听时会全神贯注，微微将头倾向一侧，不时点头做出回应。这些非语言信号向对方传递的信息是：我在你身边，我理解你，你可以信任我。

懂得了普京身体语言的黄金原则，并在不同情境中对他的身体语言进行理解，将会提高与他交流的效率。这对于各国的政治人物来说尤为重要。

第二章

解读身体语言

身体语言的解读视角

身体语言是人们的个人表达、个人印象、非语言交流在某一社会文化背景中的综合产物。

当人们关注身体语言现象时，会从不同视角去感受、猜测和评价。这是一件很自然的事。各种（主要）视角的权重——观察者主要通过哪一个视角进行观察——往往基于当事人的兴趣和语境。

一种情况是，观察者与被观察者的诠释视角不同导致了各种基于身体语言的"方言对峙"——这时，人们需要一些非语言的"翻译"。

例如，A倾向于对身体语言进行照片式观察，B则基于文化条件对身体语言进行理解。在一场关于信号X的讨论中，A认为这个信号具有确定的含义，而在B看来，解密信号是一个信息搜索过程，要综合考虑在场每一个人对谈话场景的描述。

还有一种情况是，双方无须解释便可以在身体语言表达上达成共识，即做到所谓的身体语言层面上的"心有灵犀"。这种默契确保了非语言沟通的成功。在前一种情况下，人们通过"翻译"也可能获得理想的沟通效果,但其中一方往往需要做出退让,以使另一方的视角起主导作用。如上文所述,对于身体语言和非语言沟通的解读始终是建立在视角的转换和应用之上的。

我的好朋友尼莫(我朋友的艺名)是个小丑兼哑剧演员,自称"无声演员"。他向我描述了他和莫尔肖的第一次会面。他向莫尔肖寻求挑选哑剧培训学校的建议。莫尔肖让他进行一段即兴表演。尼莫表演了几个不同场景下的角色。他注意到莫尔肖一边聚精会神地观看,一边手舞足蹈地配合他一起表演,并通过手势和表情对他的表演做出反馈。最后,莫尔肖给尼莫的建议是,继续自学,因为他自己就是最好的老师。莫尔肖与尼莫在不同场景中进行的即兴互动恰好是双方的身体语言表达在一种无意识条件下达成一致的过程。

瓦兹拉威克(1983)的名言"人不可能不交流"同样适用于身体语言沟通。人们无法摆脱用身体去交流的即兴冲动。换言之,即便是在以言语为主的交流活动中,大量的,甚至绝大部分的信息交换都发生于隐秘的身体语言沟通层面。

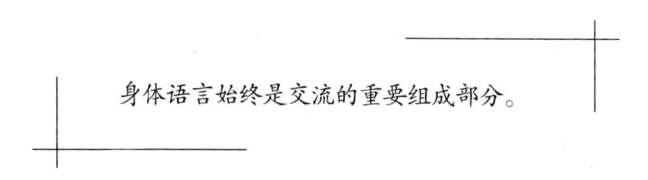

身体语言始终是交流的重要组成部分。

我们下面要介绍的是身体语言的几种解读视角。

第二章 解读身体语言

照片式视角

如前文所述，身体语言作为一种表达现象，在科普文学中经常以照片的形式呈现。它展示的是特定的身体姿势、手势或者面部表情。作者通常会以偏概全地对其进行简单的分析和解释。虽然这有助于将非语言的内容通过语言直接呈现，但也制造出了一种再识别效应或者一种归因逻辑：如果今天现象 X 所表达的意思是 Y，那么下次还是如此。人们会以与学习单词类似的方法去认识身体语言符号，并且相信，在以后和其他人交流时可以重复使用这些"词汇"。

例如，德国前总理施罗德用手指摩擦鼻翼的行为曾被媒体解读为犹豫不决的表现。这个动作在随后几年的电视新闻和个人访谈节目中反复出现。人们自然会得出结论：每当施罗德（或者某人）用手指摩擦鼻翼，就表明他心里打鼓了。

照片式身体解读理论强调身体语言解读的实用性和准确性，宣称其可以使交流更加快捷明了，从而提高沟通效率。

按照该理论，人们可以基于他人所呈现的画面，了解其行为的初衷，进而知道自己该如何与之相处。照片解读法以经验性认识为依据，将身体语言描述为一种明确的可被定义的"知识"，并结合日常交流的实际场景对其加以解释，使其通俗易懂。对身体语言充满好奇的人们跃跃欲试，希望练就一双火眼金睛。各类媒体也"积极配合"，向观众和读者输送大量的图像信息（而非文字信息）。

照片式视角的明显弊端在于认知和诠释的肤浅。它忽略了人类的多样性和个体的独特性，也欠缺对身体语言现象本身多样性的考虑。在这种情况下，观察者已经"放弃"了了解被观察者身体语言真正含义的心愿。因为他无视身体语言和自我表达之间多层面的相互影响，在交流中自然会漏洞百出。不仅如此，由于观察者深信自己清楚所发生的一切，并能够做出有针对性的反应，故而未能正确认识身体语言对沟通效果的影响。文字语言对这种非语言效应的掌控仅在特定条件下可以实现。

通常，摄影师通过二维影像记录画面。优秀摄影师不会盲目对其所要展现的画面进行简单的诠释。出色的人物摄影作品是摄影师对场景进行全身心观察并与所拍人物进行交流的结果。其中的人物可以是特定的模特，也可以是被摄影师在某一场景捕捉到的主角——他自己也许对此毫无察觉。作品最终展现的是故事，凸显了人物的某种个性，也体现了人物与摄影师之间的关系。

社会文化因素的影响

每个人都受其所处社会文化环境的影响。与周边环境的交互作用会在个人的生命历程中留下印记。人们会根据所处环境和场合做出反应——这些反应反过来会对环境和场合施加影响。

特定的手势和信号在不同的文化中可能有不同的含义，例如，将食指与大拇指相连形成圆圈状并竖起另外三根手指，在一种文化中代表"好（OK）"，在另一种文化中则具有侮辱性。大家一定还知道很多类似的例子。

具有不同社会文化背景的人的行为举止和情感表达也存在极大的差异。试想一下，南欧人的交流以大音量和大幅度的手势为显著特征；而欧洲北部的斯堪的纳维亚人则明显更加含蓄、克制，声音也更加轻柔。两者表现出的行为习惯形成了鲜明的对比。

总之，身体语言和非语言沟通方式因地而异。这些差异突出表现为以下方面：

> 情感的表达（如悲伤、气愤等）

> 问好方式和交往礼节

> 着装和饮食习惯

> 对距离的理解

> 对权力和地盘的理解

作为人类学基本组成部分的身体语言

虽然身体语言表达与理解存在社会文化差异，但人类学研究结果表明，对身体语言的解读仍在全球范围内具有相似性、一致性。例如，母亲哺乳时注视孩子的姿势在所有文化中都是一样的，而且这一非语言表达形式通常会被赋予积极的含义。相反，这样的头部倾斜的姿势如果出现细微的角度变化，则会被多数人视为不讨人喜欢的动作（Frey，1999）。此外，在人类会心的笑容中，脸的下半部分与眼部之间的平衡是人类学研究中的另一个常量。

自出生起，人类便已具备基本的身体语言表达能力。这是原始的令人信赖的表达方式储备。人们在利用这种储备时不会多加思考，也无须如此。这适用于非语言沟通的所有参与者，适用于全世界。如果人们能够在交流中下意识地依赖这种储备，便可以建立或者加强对身体语言沟通的信任。这种体验与霍布斯主义对人类的论断大相径庭——他认为"人对于他人就像狼"（Hobbes, 1970），即人类归根结底和动物没有本质上的不同。

很多不需要用言语表达的东西会在非语言沟通中对人类的共处产生深刻而持久的影响。如果我们过多地思考人类学的基本特征，则会前进缓慢，并不时被自己绊倒。

压力下的身体语言

当人们身陷冲突、危机，或者承受着诸如堕入爱河等非同寻常的事件所产生的高压时，有意识的行为方式会逐渐减少，因此非语言层面的表现会尤为明显。也就是说，认知控制系统被调整到了基础的"求生"模式。这种现象大概在全世界都普遍存在。随着感知的广度和开放度的降低，人们陷入了所谓的"隧道视野"中。

想象一下，假如你正站在一只狮子面前，你接下来会怎么做？无论如何，你没有时间多加思考。这时，你会信赖生理本能，即"战斗或逃脱"——你的任何感知都会聚焦于此，受限于此。饥饿、疲劳、性欲等都不再重要了——如果因此分散了注意力，人在产生下一个想法之前，恐怕已被狮子吞入口中。

压力下的行为遵循"战斗或逃脱"的生存模式。我们在成长过程中都面对过"狮子"，比如童年时代严厉的母亲或霸道的同学。由此，我们形成了一套能够帮助自己成功"生存"下来的行为和反应模式。这里的"生存"是指成功克服困难，消除压力，从而避免痛苦的体验。这种行为随后被"自动化"，以便我们在紧急情况下能够有效地应对压力。人们会下意识地依赖这种曾经多次拯救自己的行为方式，即自救模式。

这种自救模式同样存在于身体语言中。压力下的行为自然也包括一切身体表达。从生物学角度看，仅仅认识到狮子的危险性还不够，身体也必须做好相应准备，这样人们才能逃跑或与狮子对抗。通常，人们自身对此是无意识的。即便日常生活中的压力并非如此棘手，仍然会激活往昔的情感，让我们似乎又回到童年时期——面对严厉的母亲不得不做出"战斗或逃脱"的选择。对某人在压力面前的身体语言进行观察，可以帮助我们认识到压力下的表现及其产生的条件。人们从小养成的压力下的反应模式，即他的个人"压力信息"，在有关压力的研究中被视为个人的一种情感负担。

在一般情况下，人们不会意识到自己正处于压力之下。此时，观察者如果对身体语言比较敏感，就可以从观察对象身上识别和理解这种压力模式，并做出反应。但当观察者本身也处于压力下时，两人的压力反应模式则会相互碰撞。在这种情况下，如果两人均启动自救模式，无疑会给沟通带来极大的干扰和困惑，因为双方都可能将对方视为危险的狮子。

自身的压力越小，人们便越能够像阅读"一本打开的书"一样阅读他人，并做出聪明的非语言反应。人们对他人的身体语言表达模式越熟悉，非语言沟通就越容易取得成功。

> 在压力下隐藏自己的身体语言并不是件易事。人们越是想隐藏，暴露的反而越多。

互联网时代的身体语言

20世纪90年代初，随着互联网的迅速发展和普及，小巧多彩的表情符号渐渐简化甚至替代了语言文字，成为新时代的世界通用语。包括Emoticon（表情符号）、Emoji（绘文字）和Smiley（笑脸符号）在内的众多"颜"语表达了人们的情感和心境，使人在虚拟的网络世界也似乎真实感受到了对方的表情、手势和声音。Emoticon表述的是人的情感，Emoji符号则不仅含有可以表达心情的图标，还包括植物、动物、食品、天气、地点等多种多样的图标。通过结合两者，人们尝试对客观事实进行充满感情的描述。互联网沟通使人们不用见面就可以交谈——这不免使人们在情感互动中无从下手。这时，通过开心、生气、哭泣等图案直观地表达自己的情感则显得意义重大，在避免误会的同时，使交流更加生动有趣。

Emoji的概念远比Emoticon更宽广。Emoji包罗万象的图标对交流情境进行了描述。严格地讲，采用Emoji和Emoticon这类表义符号进行的交流不算真正意义上的交流，也算不上发生在交流对象间的非语言沟通。这是一种符号图像交流，使用的是不同于文字和非语言表达的数码语——一种跨越地域和文化的交流工具。

当今，图像语言已经多达千余种。实事求是地讲，这才是第一种真正意义上的世界语（它当然也在德国和中国通用）。各国图像语言的唯一区别或许就在于不同地区电脑系统的差异。可以说，在日新月异的互联网时代，是科技创造了世界语，而不是人类。

通信科技造就的表情符号使文字不再枯燥乏味。Twitter网早期发布的Emoji使用频率排行榜表明，笑脸和爱心在全世界受到普遍欢迎（现在应该有了变化）。这个排行榜的公布激发了网民的热情，使Emoji"流行病毒"在全球弥漫。这些符号不仅设计得新奇有趣，符合大众口味，而且内容紧跟时代潮流。有意思的是，出现频率越高、越受欢迎的符号，带给人们的视觉效果越强烈；而其他不常用的Emoji符号则被渐渐遗忘。从这个角度讲，Emoji符号反映了网络交流中情感需求的发展趋势。

图2.1　Emoji符号

那些风靡全球的Emoji符号往往具备很强的适应力和生命力，可以在不同网站、不同平台上发挥作用。而那些被遗忘的Emoji符号可能也曾经历辉煌，存留了时代的烙印，如电话听筒、电脑软盘等。表情及其他图像符号对跨国界交流产生了革命性影响。简明易懂的图像代替了烦琐的文字性描述，而且这种表达越来越具体、精准，比如，人们为人脸符号赋予了不同的肤色、发色和性别特征。Emoji符号能轻而易举地触动人心。Emoji符号如此高的出现率也反映了当今图像时代的本质特征——每个人都会敲敲脑袋问自己：我要向外界展示什么？我要如何完美地展示自己？

从这个角度来看，这种新的数码交流方式无形地缩小了代沟。大多数人都在使用智能手机，并且喜欢Emoji符号。

掌握这些符号的含义是保证沟通效果的前提，然而这并不总是一件轻松的事。例如爱心符号可以表达"我爱你"，也可以表达"我觉得不错，我喜欢"。同一个表情符号在不同人的眼中可以有不同的含义。仅仅出于这一点，我们就可以肯定，Emoji符号是不可能完全代替人与人之间的正常交流的，尤其是发生在非语言层面上的交流。即使生活在数码时代，人类也不可能放弃瞬间体验到的真切的情感表达，以及自发性的本能反应。

来自学术界的研究解释了表情和图像符号得到普及的原因：

（1）使用这些符号提高了人们在网络社交平台的欢迎度；

（2）人们看到这些符号会有类似于身临其境的身心反应；

（3）这些符号同样适用于日常对话和商业沟通；

（4）这些符号降低了用文字发表评论和进行自我表达的难度；

（5）使用这些符号使人们显得更加友善和聪明；

（6）这些符号与日常生活中的情感状态紧密相关，是对日常沟通的一种有效补充。

独一无二的行为模式

"生命在于运动",生命的基础是呼吸。呼吸时,由肌肉运动产生的驱动力使肺部充满空气。人们往往会在感知呼吸的同时,产生舒展身体或是活动一下的冲动。运动也意味着与他人的互动与沟通。人们常常可以通过感知对方的呼吸方式(即呼吸运动)来辨别他是谁,也可由此被对方识别出来。运动过程透露了行为主体的身份、年龄、性别、意图、心理状态、健康状况等信息。如果仔细观察,我们还可以从中获取行为主体的社会文化背景信息。这样看来,运动还能充当展示自我和感知他人的媒介。

人类的感知系统能力卓越,能够在转瞬之间捕捉到他人的运动模式,并做出反应。当我们面对自己熟知的人时,即便对方改装换貌,这种感知能力也同样有效。运动模式在此扮演着核心角色。对他人的沟通和行为进行感知只需掌握其若干典型特征。这些特征会向大脑发出清晰、明确的信号:这就是他,绝非别人。心理学、心理治疗学及运动科学的相关研究证实,个人的运动模式如同指纹一样,独一无二,具有可识别性。

接下来我将介绍几个与运动感知和评估有关的重要问题,但

第二章 解读身体语言

不会详述细节,仅希望以此对实践起到启迪作用:

➢ 如何解释人类视觉系统的惊人能力?

➢ 运动的识别是如何进行的?

➢ 如何按运动类型将人分类?

➢ 如何辨别某种动作或运动是在特定环境中习得的还是自发形成的?

➢ 运动在沟通中如何发挥作用?

➢ 如何通过运动分辨男性和女性?

➢ 为什么人们可以在特定文化及特定情感中通过对运动或动作的准确感知捕捉到对方的情感和心理状态?

从原则上讲,这些问题可作为在特定情境下对某人的动作进行感知与评估的导向。此外,对自己的典型运动行为做如上观察也十分有趣。而反过来以一种特殊视角对他人进行感知和评估,也有助于我们感知自身的运动反应、情感共振,以及身体在特殊条件下产生的"回音效应"。

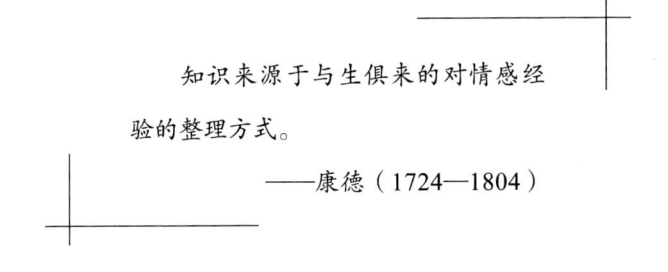

> 知识来源于与生俱来的对情感经验的整理方式。
>
> ——康德(1724—1804)

吉泽认为，感知自身与他人运动的前提是对运动进行学习和认识。"通过少量实例，我们就可以辨认或完成极其复杂的运动过程。"（Martin Giese，2003）此外，了解某种运动（如太极、合气道、瑜伽等）的教学过程，也将有助于我们进一步认识身体的运动过程。

吉泽领导的科研小组将运动员复杂的成套动作分解为"技术单元"，即所谓的"运动基元"。"我们（即研究人员）可以精确'设计'出各种风格，然后将这些技术单元（在电脑上）进行整合排序。一种新的运动由此产生了，其中的每个技术要素都衔接得很流畅。"（Martin Giese，2003）测评者指出，电脑排序生成的运动与自然运动的过程高度吻合，他们几乎无法对两者进行区分。

电脑生成运动的成功令人不禁推想，人类在电脑的辅助下或许可以对运动进行分析。然而，这种研究不同体育项目的典型运动模式的方法仅适用于对运动类型进行归类及辨识。

例如，电脑系统可以依据一个打击动作的构成将其归类为竞技体育类型 X 或 Y——识别和归类的过程极为简单，却无法识别出该打击动作发生的情感因素，以及当事人之间的关系。

运动和学习的过程彼此紧密相关。如果让儿童的耳朵、眼睛、皮肤等感觉器官在学习过程中都能够受到信息刺激，教学的效率和效果都会大大提高。这样做的另外一个好处是，能让儿童对所学内容的记忆更加持久牢固。积极地动起来可以有效激活大脑的运动中枢，有助于信息在大脑中的处理与储存。神经细胞被充分激活后，儿童的注意力会更加集中。感官刺激、运动，以及由此引起的新陈代谢加速会促进这一过程的发生。这样将有助于培养儿童对运动和新鲜、多样的事物的兴趣。

- 阅读：10%
- 倾听：20%
- 观察：30%
- 阅读和观察：50%
- 说话：70%
- 做事：90%

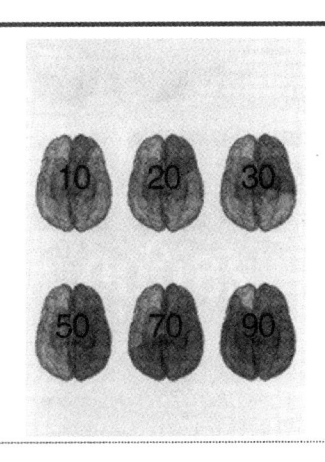

图2.2　大脑的功能

对成年人动作表达的关注，能帮助我们进一步了解他在儿童时期是否思维开放，是否敢于并乐于接受挑战和变化。动作也会透露有关成年人脾气秉性的信息，比如此人是积极活跃的、善于适应的，还是保守的、刻板的。

运动分析

人自出生开始便和周边的人产生联系。人们通过手势、面部表情或体态等进行自我表达。运动分析的主要对象是在他人在场的情况下，某人性格特点和动作的相互作用和关系。在众多运动分析理念中，里克从戏剧实践中发展出的运动分析理念，旨在更好地理解身体运动与性格特点之间的联系，并将研究成果应用于治疗工作中。里克的主要贡献包括对运动观察依据的标准化、对分析依据和诊断结果的确凿化，以及对个体运动原动力的确认、（在治疗与教学过程中的）具体干预、检验。

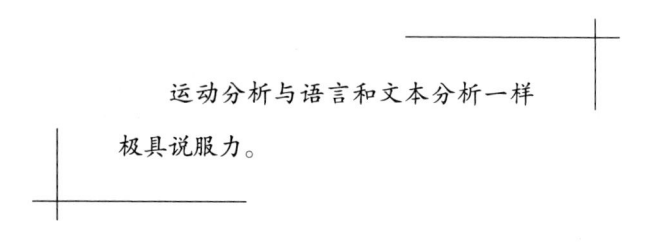

> 运动分析与语言和文本分析一样极具说服力。

克拉贝尔格与利施克的理论以现象学运动分析的核心（即运动由肌肉活动构成）为基础，包括如下要素：

➢ 身体部位在运动过程中的调动；

➢ 身体与外界的潜在联系；

➢ 通过模仿和重复他人的动作来寻求和建立共性或表达理解和接受；

➢ 在重力的作用下保持平衡；

➢ 在不同的空间和背景下协调各种动作；

➢ 根据情境和目的调整运动模式，以达到紧张与松弛的平衡。

两位作者对四种基础理念进行了区分——每种理念分别代表一种运动分析的渠道：

（1）运动感知理念以"借助自身而生成的运动和情感经验，在与外界的互动中寻求方向"（Hatch & Maietta，2003）这一基础理论为出发点，认为如果人们有意识地对运动进行体验，便可以真实地感知到自己的行为。运动感知力是指通过无意识地控制身体部位来驾驭运动过程的能力，比如在黑暗中上下楼梯的能力。

（2）形式身体理念来源于人们对交流对象身份和共同经验进行识别的天性。有意识地感知身体动作，对双方关系发展的广度、深度和亲密程度起着决定性作用。

例如，某人在汇报过程中一边讲话一边指着演示文稿。他仅仅将头转向屏幕，而非整个身体。这样一来，他便能始终与听众保持着情感联系，增强他们对其身份的识别，从而与他们拉近距离，得到他们的接纳和信任。

（3）功能身体理念来源于个体在与外界互动的过程中对个性和独立性的追求。个体对运动情感体验的意识越强，就越容易在这一过程中达到预期效果。人们可以对运动中个性的自主表达进行分析，也可以由这种互动决定个体之间的等级强弱关系。在这个过程中，可能会出现对抗或互补。

例如，在一般情况下，人们可以自由地奔跑、站立、爬高、跳跃，然而在充满荆棘的路径上这样做时，很少有人能保证自己不受伤，尤其是当人们处于压力下时。

又例如，某人平日的行为轻松自信，但在面对上司时，由于承受着上下级关系带来的压力，他的身体姿态变得僵硬起来。

（4）性别身体理念力求将交流关系中的各个方面作为性别关系的表达。这将人们引向"自我与他人人格完整性的体验"（Hatch & Maietta，2003）。

例如，同样作为餐厅服务员，女性的态度和方式在很大程度上有别于男性。而这一差异也会在同一服务员对待不同性别的顾客时有所体现。

借助上述四种理念建立动作分析的框架，我们可以更好地确定运动分析的切入点。我们在运用上述理念时要考虑到参与者的需求、意图和兴趣等因素。这种运动分析方法可以帮助人们理解被他人感知到的动作。然而，这要求人们首先对自己的身体运动进行体验和分析，因为自己的身体是每个人最好的感知对象。我在此就不对该方法的具体案例进行展开说明了。

一般来说，在交流的动态过程中，焦点会在一瞬间从一种理念转向另一种理念。

我将在下文中对哈奇、马伊埃塔、拉班和斯特拉斯伯格这四位学者的理念进行详细阐述——这对于各位从事身体语言研究的人士至关重要——他们的工作成果至今仍对心理治疗、传播学、戏剧表演和舞蹈有着深远影响。

第二章 解读身体语言

运动感知理念

身体语言和非语言沟通总是以运动为基础,即便这种运动可能很微小,甚至几乎不被察觉。没有运动就没有面部表情、手势及可被感受的体态。也就是说,没有运动就没有(非语言)沟通。英语中的"motion"一词表示动态,它是对情感(emotion)的表达,也是其本质。以运动视角研究分析人类的成长和学习过程并对这个过程施加影响的方法和理论是运动感知学的主要内容。20世纪末,哈奇和马伊埃塔提出了运动感知学的基本理念。随后,他们继续发展了这些理念,将生命过程视为迂回和循环的过程,并希望在实践中对该过程产生影响。为此,哈奇和马伊埃塔针对不同需求发展出了一套运动能力的训练原理。其中一个重要的内容是要求人们感受自身的运动,从而更好地理解和改变自己的活动及观察和影响他人的活动。

哈奇和马伊埃塔(2003)的运动感知理论建立在塞尔维尔(1991)、克莱斯(1968)和贝特森(1995)的运动理论基础之上。

运动感知(Kinästhetik)的词干源自古希腊语的"运动、活动"和"感知、体验"。

感知来源于运动。运动感知学，是一门有关运动感受力的学科，其研究对象是运动和感知。

"1866年，柯尔特套用了笛卡尔'我思故我在'的哲学思想，将对运动感知的思考总结为'我动故我在'。"（引自维基百科）在此，他沿用了洛克的传统观念。洛克认为，理智来自感官。这一传统观念也体现了当时人类系统埋论的认知状态——洛克将人类视为封闭运作的复杂系统。以此为基础，感觉、思考、行为在自我调控中得到实现、理解和运用。运动既不能被简单地理解为行为举止，也不能被概括为感受在身体层面上的直接表达。对运动的理解要以具体情况和具体人物为基础。

"一个人对于自己身体的内在认知对其运动方式有很大影响。人通过运动与周边环境发生关联，于是有了行为。通过对个体运动习惯的分析，人们可以更好地理解潜在的身体运动模式。"（引自：www.kinaesthetik.de）

运动感知学结合了不同的理论和研究成果，是一套用于了解和改善运动能力的方法。它以运动为基础，强调个体发展过程和学习活动对于运动的重要意义。运动感知理念立足于人类运动的基本模式和维度，因此可被视为对西奥皮（1998）提出的情感逻辑学的实践。

几年前我曾经对一名专业足球运动员进行指导。他在训练场上的出色表现毋庸置疑，然而一到正式比赛时，他就会表现得与训练时判若两人。由于压力和不自信，他无法完成平日可以做出的动作。这便印证了运动感知学的理念：运动、体验、经验和压力相互影响，共同作用于整体表现。

齐特龙（2013）借助示意图介绍了运动感知学中的身体概念（见图2.3）。

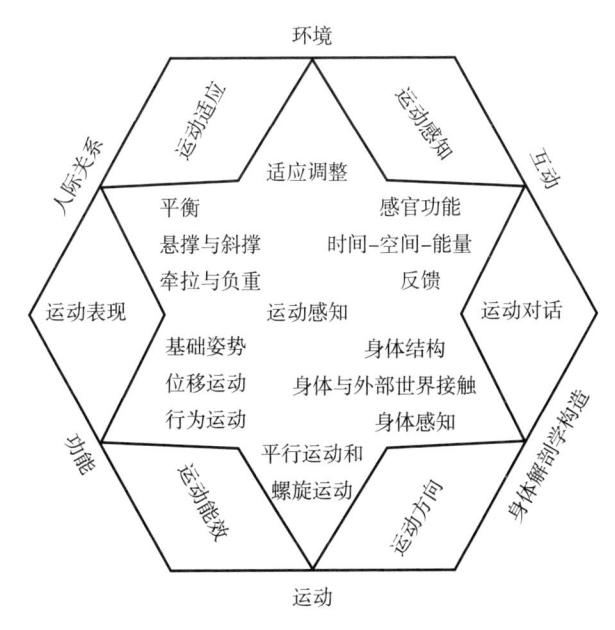

图2.3　运动感知学中的身体概念

体态和运动的语法规则

拉班从舞蹈出发，提出了理解和研究身体、心灵和性格的相互作用的一种崭新视角。他的理论体系可以对运动进行差异分析，他的专用词汇可以对运动做出精准描述。这些都能够在实践中被传授和运用。拉班认为，每个运动都包含以下几类信息：身体、驱动力、空间、形态、与外界的关系和调整。

拉班的研究区分了运动的四大组成部分：空间、动力、形状、身体。他认为，对个体运动的组成部分进行观察和记录要以运动的时间进程及运动主体与外界关系的构建为基础。动作调整体现了身体对具体情境做出的即时反馈。

例如，完成快速跑步的动作属于基本动作能力。而在提着重物的情况下快速奔跑，或者在脚踩石头过河时进行快速奔跑，还需要动作调整能力。

如何在身体层面上对某个动作进行符合外界和内在需求的瞬间调整，反映出每个人独特的运动行为。"我们观察一段时间后，便会发现这种方式可被视为一种个体行为模式。"（Laban，1926）借助拉班的运动体系，我们可以以一种全新的方式对身体语言表达进行解读，即解读沟通中的运动。拉班的体系针对人体运动做出了系统化、标准化的分析和记录。这极大地促进了舞蹈和舞台表演的发展。拉班的体系能够被运用到其他社会领域中，人们将其称为"体态和动作的语法规则"。在舞蹈和运动领域，许多知名的教育者通过拉班的理论打开了走进身体的特殊通道，并以自己的方式对该理论进行了再发展。

对身体进行分析，并在实践和教学中对其加以开发和艺术加工，这一传统可以追溯至数千年前的舞蹈和戏剧表演。人类对身体语言的秘密的探索有着悠久的历史。

个性与角色表演

舞蹈和戏剧表演是对身体的本质运用及艺术性和专业性加工。而舞蹈也正是保持并传承知识与智慧的原始的文化形式之一，它的出现远远早于文字的诞生——远远早于人们能够用文字对观察到的和体验到的事物进行记录之时。有关身体语言心理层面的描述和非语言沟通的理论可以在戏剧和舞蹈艺术中寻得渊源。时至今日，人们仍会通过戏剧和舞蹈加深对不同文化的理解。

身兼演员及表演教育者两个身份的斯特拉斯伯格是现代自然主义表演艺术流派的重要代表。他十分注重演员自我与角色的融合，并由此提升表演的自然度和感染力。同时，他认为演员在舞台上并不应该完全沉浸于自己的体验中。斯特拉斯伯格在演员工作室教授的方法深刻影响了一代代表演艺术家和著名演员，如杰克·尼科尔森、安吉丽娜·朱莉、约翰尼·德普、安东尼·霍普金斯等。

斯特拉斯伯格根据具体情境区别对待角色。他认为，演员如果在角色扮演时做到了自然与力度的均衡，便可以运用身体进行有感染力的表达，塑造出令观众信服的角色。与其他许多表演教育者一样，斯特拉斯伯格（1988）深信，"角色及情境被写入了台词之中，而台词仅仅是手势交织出的布景的图样"。斯特拉斯伯格的观点可用他自己的话总结如下："手势与台词配合，台词与手势呼应。表演不是为了让观众心生敬畏或心潮澎湃，而是为观众呈现真实的图景，在步态与声音中展现人的本性。"斯特拉斯伯格认为表演并非简单的作秀，而是对角色的发自内心的理解和演绎。

例如，当西方演员站在话剧舞台上对角色进行诠释时，会努力将角色与自身融为一体，通过表演传达自身对角色的理解，使角色个性化。然而中国戏剧，比如京剧，对表演有严格的规定——演员的每段动作、舞台位置及节拍都需要极其精准，演员自由发挥的空间相对有限。演员的面部表情并不能体现出他对角色的诠释，主要体现的是人物的性格、品质和气度。

演员与表演教育者深入洞察人类行为举止的本质，以便将其呈现在舞台上——人们仍然延续着这个起源于戏剧表演的古老传统。斯特拉斯伯格、斯坦尼斯拉夫斯基、格洛托夫斯基等人早于婴儿研究学和大脑生理学的出现数十年，就开始尝试理解情感和感官记忆，并对此展开了早期理论与实践研究。而这些研究正是以拥有数千年历史的表演艺术传统为基础的。

表演能力中的语言说服力源自演员的高度自我集中。这并不意味着演员要去关注一手一足的表达效果，而是要将角色"自然唤醒"。例如，斯特拉斯伯格认为，对杀人犯的角色塑造不是依靠表演谋杀行动，而是依靠对"精神、身体、感观、情感行为的综合塑造，将情节发展表达出来"（Strasberg, 1988）。

在本书中，我对该主题的研究只能做简单概括：身体表达与性格特征拥有不可分割的紧密联系，对其意义的诠释必须基于其发生的情境。因而，简单的以一概全的身体语言训练不可能达到理想效果。

> 斯特拉斯伯格认为，当角色表演达到自然和张力的完美融合时，表演动作便具有了令人信服的力量。

身体语言的情感逻辑

身体语言的传达和接收建立在个体对其感知的基础上。身体语言的感知过程非常复杂，视力和视觉感受力起到的作用很有限。毋庸置疑，眼睛是感知外部世界的窗口，是最重要的感知渠道之一。然而对来自外部刺激和内心情感的综合感知，是通过整体注意力、个人感知模式（策略），以及各身体感官部位、情感因素和认知理解力（思考）的整体调动来实现的。

试图对情感感知做透彻分析的理论和著作数量繁多。我在这里介绍的是来自西皮（Ciompis，1998）的综合性理论。其理论的基本观念为：感受、感知和行为总是相互影响的。通过经验积累，人们在大脑中形成了特定模式。在特定环境中产生的感觉、感知和行为总是受到这个模式的"操纵"。

依据这种观念，"情感是所有心理和社会进化的决定性推动力，而情感逻辑则是现代神经学、心理和心理治疗学、社会发展及进化学的系统性总体认识的结果"。我们都有这样的经验：当我们因为某种情感需求而做某事时，这件事便成了我们的心头大事，让我们做起来特别有动力。

第二章 解读身体语言

作为情感逻辑理论的奠基者，西皮将感觉、思想和行为三个程序视为心理学的主要组成部分，并对其做出了概念描述和理论总结。他坚信，情感、认知和行为方式相互关联，互相依托。人借助这种相互作用对经历进行记忆存储，并由此建立了包括感知在内的个人思维和行为模式。这些模式会在外部刺激或特定环境下启动，有时也会被身体唤起。"情感逻辑主要研究情感状态对思维的影响。情感不仅可以影响我们思考的速度、形式和内容；还能帮助我们对信息做出筛选，使我们去感知、关注、记忆我们想要的信息，忽略和忘却其他信息。"（Ciompi，1998）不同的认知内容会在与其相应的情绪状态下被感知到。

情绪是感知、关注、记忆、思维和行动的调节剂。因此，感知被打上了情绪状态的烙印。后者能够使感知更加活跃（表现在方向、速度和程度等方面）。西皮认为，所有形式的感知依存于其背后的某种结构，这种结构的形成也受到情感和情绪的影响。换句话说，我们看到的是我们"想"看到的和能看到的。

另一方面，身体语言表达的结构和非语言沟通的质量是感觉、思考及行为系统共同作用和引导的结果。

对身体语言的恰当感知和判断离不开对感知过程本身的理解。对感知过程的理解一方面能帮助人们进一步认识人体感官系统、刺激的介入和影响，以及个人感觉、思考和行为系统，另一方面也可以帮助人们更好地理解交流对象复杂的内在世界，提高换位思考能力。大脑是个封闭的系统，我们无法直接获知它工作的奥秘。然而，由于感觉、思考和行为系统的相互作用，我们还是可以捕捉到大脑内在逻辑的信息。大家或许有关于这方面的切身感受。

身体语言解读的不确定性

不同于那些支持表达心理学的狭义理论和那些宣扬所谓的"身体语言真相"的论断，我在本书中介绍给读者的是"真相和谎言"。如前文多次提到的，身体语言的解读只针对某一情境下的某人。目前，对于人类感知机能的研究尚未成熟，我们还不能对身体语言做出精确无误的辨别——考虑到目前的研究进度，我们可以预言：这个目标很难在近期得到实现。不过，这也未必是件坏事。试想，如果身体语言真的透明化了，我们交流中的很多不可预期的亮点和惊喜将转为平淡，每个人独有的魅力将无法展现，我们的眼睛也将不再发光放电。也许你读过《小王子》一书中的这句话："只有靠心灵才能看到美丽的事物。"一切事物，也正是由于我们用心灵去观察，才可以如此美丽。

即便掌握了有关身体语言的知识，也完成了有针对性的培训，人们在实践中仍会感受到解读身体语言的难度。埃克曼（2007）的身体语言识别理论曾经被用于对保安人员的培训中。他本人在洞察和理解身体语言方面具有非凡的能力和极高的准确率；然而对保安人员的培训并没有达到预期效果（Ekman，2013）。

第二章 解读身体语言

我们对上述现象可以做如下解释：身体语言的产生和解读向来都是表达和印象相互作用的结果。身体语言解读本身也是非语言沟通的组成部分，是将观察到的内容（表达）与个人经验和直觉产生的结果（印象）相结合的过程。人的这种能力有高低之分，因为对身体语言的解读始终是建立在个人直觉和经验之上的。此外，人的状态也有变化和波动，这也会影响主观判断。

"人的脸是不会撒谎的，它总能真实地透露人的情感信息。人们无法对其进行压制和掌控。"（Ekman，2007）这句话是埃克曼研究结论的核心之一——人的内心通过面部表情得以表露，继而被察觉。埃克曼对真实随意流露的感受和特意伪装出的感受做出了区分。他将基本情绪分为七种，并认为人类的面部表情由此产生。这种情绪表达具有先天性，不因种族、地理和文化的不同而有所不同。他还将情感控制机制分为三种：修饰（通过添加表情改变情绪表达）、更改（改变面部肌肉运动）和作假（对表情进行掩饰、伪装、中和等）。我在这里不对埃克曼的理论做深入介绍，只强调他在情绪表达研究领域做出的杰出贡献。

要对身体语言这个话题展开深入探讨，就离不开来自大脑生理学、心理生物学、情感研究、婴幼儿发展研究等领域的大量理论结果。请你将"不安"情绪的产生理解为身体语言感知的过渡。感知的目的不在于"确立真相"，而在于"感受其存在是真实的"。因此对身体语言的感知只是瞬间主观感受到的真实，不一定是真相——虽然我们通常对它深信不疑。比如，我们经常谈到的"第一印象"始于交流最初的0.05秒（Lindgaard, 2006）——在一瞬间做出正确分析和判断显然是个不可能完成的任务。

> 第一印象一般只持续0.24秒，基本不受认知能力的影响。人与人之间产生的微妙化学作用就在这一刻产生。这种作用胜过一切理性论据。

人与人之间的化学作用随着第一印象的建立而发挥效应，其结果是彼此间好感或者厌恶之情的产生。比起理性的分析和论证，人们更倾向于对第一印象深信不疑。

感知和判断其实是一个发生在极短时间内的复杂的过程，而且在极大程度上受到各种主客观因素的影响。研究显示，我们每秒接收到的信息量多达六百万比特，其中可以为我们肉眼所捕捉到的信息量仅为六至十比特。即便我们竭尽所能地集中注意力，也无法改变这个事实。因此，人们对身体语言的感知"极不确定"。同时，身体语言本身就是一个"令人感到不确定"的过程，因为它转瞬即逝，独特而不重复。人们对交流对象的身体语言做出判断和理解，在根据对方的表达生成主观印象的同时，在内心中也产生了情感反馈。由此，感知成为一个体验和判断的过程。我们主观体验到的身体语言感知过程则是（对方的）表达

（我们所看到的）、效应（我们所感受到的）和判断（我们所意识到的）三个过程连续作用的结果。

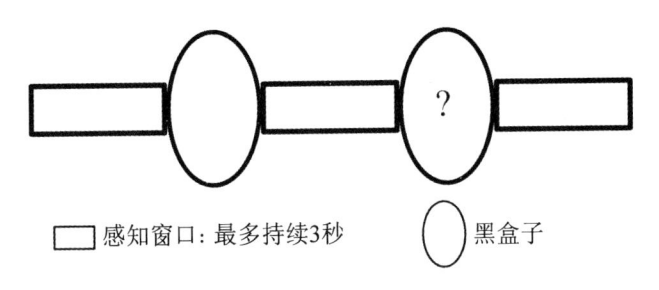

图2.4　感知的过程

感知持续的周期为三秒钟（Emrich，1994）。一个三秒钟窗口关闭，下一个三秒钟窗口又会打开。这两个窗口间隔期所发生的事情则不为人知。我们感受不到中间的隔断，只能体验到一个连续不断的过程。（见上页图2.4）

人们在这些"窗口"感知到的并非许多张独立的图片，而是由所有图片连接而成的一个动作。我们不关心是多少个三秒钟、多少幅图片构成了这个动作；我们关注的仅仅是结果，并且对这个感知到的结果深信不疑。

那么我们的感知是如何实现的呢？来自婴儿情感研究的最新结果将人体的这种感知系统比作一种由内向外作用的"新"感觉器官。它发挥着连接内在与外在、表达与印象之间的桥梁作用。在我看来，对于身体语言感知和判断的确定性可以通过感官敏感度的提升、自身体验的加深，以及对这个"新"感觉器官的了解得到提高。换句话说，人越是能感受和听从心灵的呼唤，越容易对身体语言进行移情解读。

这种移情其实很常见。例如，我们在观看激烈的比赛时，会心情激动，自己明明坐在那里，身体却被调动起来，似乎也在奔跑。（Kirsch，2011）

> 我们的整个身体就像一个庞大的感觉器官。当我们看到某人时，身体会通过镜像神经元的作用产生共振反应。这时，观察对象体验到的点点滴滴——有形的或是无形的——都会作用于我们自身，被我们体验到。

有关镜像神经元的研究结果可以帮助我们更好地理解移情现象。镜像神经元如同身体的反射系统，当它被激活时，会引起全身的反应。它属于人和动物大脑的基本组成部分，使我们可以将他人作为"伙伴"看待，建立同理心。这个理论的建立，使人们可以更好地理解身体语言是表达和印象相互作用的结果，也进一步表明身体语言是在自然生理的驱动下产生的。由此，我们可以从反射、反馈和移情的角度更好地理解非语言沟通中的身体语言

第二章 解读身体语言

互动。

如果你因此认为，通过镜像神经元的作用，只需要观看体育节目就能达到运动身体的目的，那么很遗憾，你错了。镜像神经元仅仅调动了情绪能量，并未使肌肉真正"动"起来。

常规动作模式，如表情、手势、站姿等，作为身体语言被接收后，会被大脑迅速破解。其结果并不停留在此时此刻，而是决定着接下来的行动方向和人际关系的建立。令人诧异的是，我们往往仅需获取若干信号便可理解他人的用意。我们可以说，镜像神经元系统对于理解人类思维具有革命性意义。

身体语言早在言语产生前就已经被人类运用了。它对于人类的生存至关重要，并且促进了人类文化的形成和发展。对身体语言的解读可以被概括为："感受你所思。"从这种角度出发，身体的移情解读依靠的是自身内部发出的信号以及对其进行的有意识的体验。

许多人相信，获取大量的有关身体语言的信息可以帮助他们更加准确地做出判断。因此，他们将注意力完全集中在交流对象的一言一行上，而忽略了周边发生的一切。然而，身体语言是人对自身和其所处环境的表达，只对人进行观察会导致其他大量信息的丢失。因此在解读身体语言的过程中，我们不要去特意控制感知，而应顺其自然。

对身体语言的感知和解读并不像做选择题一样要从所给答案中选出一个正确的。这是一个没有标准答案的、需要双方瞬间做出判断的互动过程。

　　非语言沟通是经历、感知、判断、行动的主观表达及其形成的印象综合作用的结果。有关身体语言的知识无穷无尽，我们对感知的判断和猜测也不可能达到准确无误；因此人们应不时对自己的感知和印象打个问号。印象的产生来自不同方面的作用，如个人感觉、所看到和听到的具体内容、个人猜测及假设（即便假设可能又被推翻）。"情感表达的真实性和可信服度不可能在交流主体间做出一问一答的对话式检验。"（Renn，2007）哈贝马斯（1983）则认为，观察者如果对交流对象语言表达的真实度产生疑问，可以结合自身的生活经验，在与对方的互动交流中找出答案。这个理论验证了非语言表达和身体语言解读是综合各种因素做出判断的过程。

身体感知练习

　　采用舒服的姿势站立并放松身体，双脚打开，与肩同宽。

　　感受脚下的地板支撑着你，感觉到自己站稳了。

　　深呼吸，吸气……呼气……

　　感受自己的气息有规律地进、出……进、出。

　　伴随着每次呼吸，逐渐放松自己。

　　现在把手放在肚子上，感受呼吸带来的腹部升降。

　　找到头与脚之间的中心点。

感受从中心点传来的力量。

现在感受一下身体的界限——与外部之间的界限。

感受你的界限，用手轻敲身体正面，从头部开始，到脖子、胸、肚子、腿、脚。

再到身体背面，从脚开始，到腿、臀、背、肩膀、脖子、头。

轻松站立，感受你的界限。

感受自己的气息有规律地进出。

伸展你的手臂，看看你周围的房间是怎样的，轻轻扭动臀部，将手举高，再放下。

现在看看房间里的其他人，注意自己与其他人的位置。

看看自己与他人离得近还是远。

现在问自己想跟谁接触。

最后，再一次，感受一下身体的边界。然后把意识转到身体的中心点。轻松感受自己的气息有规律地进出。

以自己的节奏结束这次练习。

案例2
马云：我知道如何抓住你的心

他是沟通大师。他最擅长的是激发他人的斗志。他的演讲犹如一场激情四射的舞蹈秀，能让人不自觉地跟随他的节拍。

尽管马云在中国具有极高的知名度，但他给人的第一印象并不深刻，甚至可以说毫不起眼，平凡得像跟你同住一条街的邻居。他友善的微笑、充满活力的面部表情和开放性思维能使人感受到他由内而外释放出的轻松和快乐。他骨子里是一个安静的人，给人留下的印象也是如此。他讲话时全神贯注，手势张扬有力，动作毫不拘谨且充满活力。他经常做出将双臂打开的动作，使对方感到自己受邀在倾听他，注视他，甚至是成为他的粉丝。他点头的动作在表示赞许的同时似乎还在向他人发出"你可以信任我"的信号。马云的眼神非常坚定，以此告诉他人：我知道你想要的是什么。他很聪明，深知如何施展个人强大的影响力。在交流过程中，他的身体语言散发出自信。他的肢体表达本身并无特殊之处，丝毫没有自命不凡的傲气。

虽然躯干保持坚挺，但是马云会通过不同形式的手势为非语言沟通增添活力。当他的下颚微微向前伸时，会给人以强势感，但并不显得火药味十足。这种含蓄的强势是他令人匪夷所思的号召力的一种体现。他出色的口才从另一方面充分印证了这种号召力。他深知如何运用和谐的非语言表达去征服他人，鼓动他人，使他人被其乐观精神所感染。

他思维敏捷又充满斗志。他满怀乐观，并为能够继续保持乐观而斗志昂扬。他要向年轻一代传播这样一种精神：积极参与到生活中，鼓足勇气走自己的路，并在这条路上不断开拓。他鼓励年轻人在努力寻找和捕捉机遇的同时做好当下的事。这正是他的惯有作风和成功秘诀。

马云用自己的经历证明了普通人也可以活成一个传奇。

第三章

非语言沟通让沟通更有效

手势的秘密

手势是身体语言表达中的一个特殊领域。手势从根本上系统反映了人类沟通的原始构造和变迁，并在社会发展中得到传承。因此研究身体语言就不可能不对手势进行认识。在全球范围内固然存在具有统一含义的手势语，但在不同的文化和社会环境中，对于同一手势的解读可能大相径庭。对手势含义的错误理解可能会导致灾难性的后果。

例如，拇指和食指组成环形，其他三指伸直这个手势的含义随着历史变迁而不断变化。在一些文化中，它起初是爱的象征，如今代表"一切都好（OK）"；而在另一些文化中，它却具有侮辱性含义。（Kortmann & Müller，2002）

例如，竖起的中指的意思在世界各地基本是相近的。自古希腊时代以来，该手势就作为男性生殖器的象征被使用和认知。

想要更详尽地了解手势的本质和多样性，可参阅《柏林日常手势百科全书》[（*Berliner Lexikon der Alltagsgesten*）Michel，2004；Pollaschek，1999]。另一本根基深厚的著作《手势百科》[（*Gestikon*）Kortmann & Müller，2002]不仅提供了手势符号学

和语法学的概览，还对人类文化的发展进行了充分的介绍。

手势的分类

手势可分为独立手势、言语伴随性手势和符号手势。独立手势主要起源于特定的职业，用于特定文化的特定时间中，以表达某种固定含义。言语伴随性手势主要发生在交流过程中，可以使言语更生动，从而提升沟通效果。

"问候之手"是柏林大学研究小组引证的关于独立手势的生动例子。中世纪时，如果人们想表达自己没有敌意或无意战斗，便会打开头盔的面甲（或是取下头盔），放下武器，表达求和的愿望。这一举动因此体现着建立和平关系的含义，并"演变为表示友好的日常手势：举帽、抬手或握手"（Kortmann & Müller，2002）。

符号手势主要由手部动作构成，用以表达某种特殊情感或想法。比如歌星在演唱会结束后会向观众挥手致谢，表达尊重；而观众则会举手欢呼，表达对演出的肯定。符号手势也可用于向他人提出请求或要求，比如将食指放在嘴唇上示意保持安静。符号手势可以具备跨文化性，也可以体现出文化个性，比如中国和德国用手指表示一至十的手势就有很大差异。

在非语言沟通中，手势无疑是重要的。一个动作在脱离原有（具体或者象征性）意义，被交流对象作为特定信号理解并做出反应时，便具备了特定的手势特性。独立手势具有具体的表意功能，它有别于人们自发做出的言语伴随性手势。

手势语及其解读

一个具有特殊目的性的行为（比如放下武器）在一个文化圈中发展为信息传递方式的过程可以被划分为六个阶段。下面我将借用柏林大学研究人员所做的儿童触摸灶台的实验（Kortmann & Müller，2002）对其进行说明。

儿童触摸灶台被烫后，表情痛苦，一边挥动着被烫的手，一边用力地吹它。母亲看到后便清楚了刚刚发生的事情，急忙前来安抚。当孩子再次烫到手时，即使疼痛没有上一次剧烈，他也会再次做出吹手的动作来引起母亲的注意。很明显，这个举动的原始意义——让手指降温——已经退居第二位，唤起母亲的注意成为主要目的。这个手势语由此开始形成。

原始行为举止在经历简化、夸大或是其他形式的变更后趋于稳定，逐渐被习俗化。上文提到的被烫伤后的甩手动作，即要"将疼痛甩掉"，可能会在人们谈及高温物品时出现。

随着手势语习俗化的进一步发展，人们开始将甩手动作视为对棘手事物的比喻。这种理解和使用被广泛传播后，每当人们看到这个手势就会自然产生"不要去触及，尽量避免牵扯其中"的想法。当人们经历了艰难处境后也会做出同样的甩手动作，以表示自己涉险过关。

当这种手势语在同一文化圈中被普遍理解和接受时，它便成了一种"文化行为",不过人们并不清楚它的初始含义和形成过程。对于表象性手势的历史发展进程的追溯,赋予了身体语言研究新的意义。

对手势语的研究可以帮助人们远离认识误区,并意识到只对身体语言进行阅读和解释并不能让我们直接了解一个人的性情或禀性。

对日常生活中的言语伴随性手势进行解读,尤其引起了广大读者的兴趣。此类书籍的作者宣称,通过训练,人们可以改善自己的身体表达方式,呈现最佳自我,例如提高作为高级主管或是政治人物的权威性、自信和魄力。参加此类培训的学员往往会主观地相信自己已经认识和掌握了他人和自己的身体语言。然而,交流本身是一个极为复杂的过程,尤其是在非语言层面上——人们可操控的范围很小。

除此之外,身体语言还受到其他重要因素的影响。将婴儿、情感、压力、身体作为研究重点的心理治疗学的诸多研究结果表明,当人们处于高压状态下时,其身体语言通常会回归本我状态,即恢复到不受认知系统控制的行为模式。如果阅读的目的仅仅是扩展自己的手势语储存量,或是使自己看起来更加优雅得体,人们诚然会从书中受益(比如为一场普通演讲或者常规演出做最后的准备),但在压力面前仍然可能会束手无策。

第三章　非语言沟通让沟通更有效

身体语言训练

在身体语言训练中加入针对特殊文化的手势和社交举止练习，或许对远赴海外生活的人来说很有帮助。然而我认为，这种帮助仅能在常规状况下，即风平浪静时，发挥作用。

例如，在中国，生意的成功起始于名片的交换。无视商务礼节的行为，例如单手接过名片，随即将其塞进裤兜，可能会令对方大为不快。一位在中国工作多年的外籍主管就曾向我倾诉过这种因不懂对方文化规则而导致合同签署失败的经历。

想要在压力状态下仍然可以在言语陈述间加入自然的手势且不被对方察觉出自己的不安，我们仅可以通过特殊训练来实现。

学习如何面对和处理日常压力对于大多数人都甚为必要。而重点和难点恰恰在于，人们是否可以在压力出现时，自发运用所学到的方法，而不是变回原形。

这里举一个政治人物通过身体语言训练反倒使自己的公众形象受损的例子。2002年德国大选期间，首次通过电视直播候选人之间的辩论。时任总理施罗德的挑战者是施托伊贝尔，他习惯在话语间发出"嗯"的声音，因此在辩论开始前人们便开玩笑地预测他将在这场对峙中发出几个"嗯"。结果却出人意料，他一个"嗯"也没有说。不难看出，他是想通过"改善"身体语言而显得更加自信果断，从而获得选民的信服。然而结果却恰恰相反——这阻碍了他向大众呈现他自然的、令人熟悉的一面，使自己的可信度大打折扣。最终，他也输掉了那场大选。

手势语的区域、文化及个体差异

德·乔里奥和肯顿（2000），以及米勒（1998）通过研究证实，南欧和北欧人具备的非语言沟通方式是历史变迁与文化承袭的结果。南欧人，以意大利和西班牙为例，通常比挪威人、德国人和英国人具备更丰富夸张的手势语，而后者的身体语言则更为谨慎收敛。（Kortmann & Müller，2002）另外，也有研究发现，生长在美国的意大利裔孩子的身体语言表达所突显的文化特征更多是美国式的而非意大利式的。

诸多研究结果一致表明：世界上不存在统一的跨文化手势及身体语言。例如，点头通常表示认同，然而在希腊、保加利亚、印度等国家，情况却并非如此——这些国家的人会用摇头表示认同。

德国开姆尼茨工业大学的研究人员对本国地区性表达方式及行为展开研究（Morgen-roth，2003）。结果表明，生活节奏与城市规模紧密相关。大城市的人走路的节奏普遍快于中小城市的居民；而且都市女性的行走速度要慢于男性。此外，乐观向上的人也往往比那些悲观茫然的人步速更快。

健康人的手势不论是在质还是在量上都区别于生病的人；人在承受重压时手势也与平时不同。因此，对一个人手势表达的准确分析可以帮助我们获得有关其精神状态或是病情变化（好转或是康复）的重要信息。

研究表明，自我抚摸，比如对上半身中部（胸部到腹部）进

第三章　非语言沟通让沟通更有效

行抚摸也是一种调整情绪的有效方法，尤其是当人们感受到压力和紧张感时。

> 指示语和触摸语可以是某人的基本行为模式，也可以是处理特殊情况的应激反应。因此，对于包括手势在内的所有身体语言的理解一定要建立在明确其发生背景的基础上。

此外，对身体语言进行时空的纵向比较在很多情况下也是必要的。研究表明，身体姿态与当事人对语境和人际关系的情感和感受紧密相关。比如，人会随着内心立场的变化而改变体态；反之，在谈话过程中体态的变化可能是"希望切换话题"在身体层面的自然反应。

手势的运用也具有阶段性差异和反复性。压力、迷茫、孤独等精神负担会提高手势出现的频率。反之，手势的减少可以被理解为精神平静、心态舒缓或是对于自己的身体语言表达把握十足的体现。这是定量分析的结果。手势的定性分析则可以帮助我们确定手势作为表达抽象事物或思想感情的内在信号的效果。

例如，劳斯伯格和克利格于2011年就轻微抑郁症和厌食症患者在治疗初期及康复后的手势进行了研究。他们发现，一名女患者在治疗初期会在有压力和感受到内心痛苦时抚摸胸膛。这与她儿时和母亲的情感联结紧密相关——是母亲的拥抱给予了她温暖和抚慰，于是抚摸胸膛成为她安抚和保护自己心灵的下意识动作。这种与母亲的内在联系成了她心灵上的依赖。这是一种没有完全独立的表现。随着心理治疗的顺利进行，她这个身体动作的出现频率呈明显下降的趋势。她的手也不再仅仅停留在胸膛，而是展现出多种多样的手势。

另一个有趣的现象是，自我指认的手势语也呈现出文化差异。在欧洲国家，人们一般会用手指指向自己胸部附近，同时目光朝向交流对象；而在诸如亚洲等其他地区，人们则用手指指向自己的鼻子或者嘴部，避免直视对方。

手势和动作模仿的意义

人们在非语言沟通中对自身动作的恰当调节是保证成功交流和互动的前提条件。绝大多数情况下这种调节是无意识的、自然而然的。

例如，几个人一起搬运笨重的家具，要通过狭窄的楼梯间将家具搬运到楼上。他们需要在协作过程中做出即时调整和配合，这种通力合作是不可能完全靠言语交流达到协调一致的，过多的话语可能反而会增加完成任务的难度。

第三章 非语言沟通让沟通更有效

> 行为模仿对于人类进化具有重要意义。通过模仿，人们将自己置身于他人的位置之上，并感受其情感。这无疑有助于人们之间的交流合作。

对手势和动作的模仿也可以帮助人们走进他人的情感世界，从而提高自己的情商及与人和谐相处的能力。

霍勒（2011）在一项实验中，将被试人群分为"内部群体"和"外部群体"。她的研究结果表明，外部群体成员对于内部群体的某些手势的模仿行为尤其明显。在这项试验中，内部群体的成员在一起进行讨论，外部群体对其进行观察。外部群体的成员发现内部群体的成员在非语言层面与自己有共性时，会对其产生认同感，进而对其行为做出下意识的模仿，比如压低声音。

动作研究学根据手势的作用对其进行了归类（Holler，2011）。部分手势语可以调节交流者之间的互动：它们作用于对方，示意或者暗示对方话题的深浅，或者邀请对方进一步加入讨论。这些"互动手势"不同于"参照手势"，后者的主要作用是在特定语境中，将注意力吸引到指定事物上以推动交流的发展。"互动"是手势语最常见、最明确的调节功能——当手势指示的信息被成功传达时，手势语便达到了调节沟通的效果，促进了交流者之间的相互理解。参照手势则需要通过模仿和重复性使用来调节沟通。比如当人们谈论某一件事时，会对不同的交流对象做出参照手势；交流对象能够理解参照手势的含义，是非语言沟通成功的前提。

例如，几个人观赏了同一部恐怖电影，当他们与其他人谈论电影内容时，会使用相似的手势表达惊恐情绪。这种手势就是参照手势。

言语伴随性参照手势使表述语言形象化，在调节对话的同时，使交流更为明确顺畅。霍勒将言语伴随性参照手势称为"沟通保障"，认为它们是"沟通的基本前提，对沟通的顺利进行不可或缺"。她还参照科拉克和班纳的观点将其称为"底子"。在这种情况下，个体言行对沟通的影响有限，而对他人动作的下意识模仿成为交流主体间非语言沟通的重要组成部分。

在非语言沟通中，接受和被接受无疑是至关重要的，二者保证了（对他人）给予和（从他人）获取时信息能被无误传达和理解。

我们借助霍勒的话可以做出如下总结："模仿性手势并非偶然发生的现象，而是谈话者为确保所传达信息被正确理解而采用的有的放矢的非语言沟通方式。"因而对于有效沟通来说，手势的存在是必要的。

第三章　非语言沟通让沟通更有效

身体的内生循环

身体语言是可以被感知到的内在复杂活动和个性的外在表现形式。它仅可以在特定的交流环境下被认知和理解，并得到回应。虽然身体活动是对错综复杂的外在刺激、信息和体验进行协调并做出反应的复杂过程，但其内在循环过程仍可在发生情境中被感知到。

试想你正在与几位同事谈话，出于某种原因你感到不耐烦，却又无法脱身。你焦急地在房间中四处张望，也许还会拿起圆珠笔在手上把玩。另一位同事很可能已经察觉到了这一切。这时，他会频繁地朝你看，而你也会察觉并感受到他批判的目光，并克制自己的玩笔动作。你也可能因为同事的目光变得更加焦躁不安，而使玩笔的动作更加剧烈。此时，如果对方观察到你的行为，而被你的焦躁不安干扰，可能会对此做出反应。你对不耐烦的感知和由此产生的行为冲动，即通过玩笔的动作表现出不耐烦，便构成了内生循环。另一个内生循环则产生于对方（观察者）的感受和他由此做出的（由身体表达出来的）反应。两个内生循环共同作用于非语言对话。

上述过程通常是发生在无意识中的，其表现形式或为身体上可见的自我表达，或为自我控制和自我抵制。在某些情况下，观察者也无法避免因在非语言沟通层面受到紧张的刺激而产生情绪波动。

内生循环过程在某些情况下可以被观察者体验、理解、感知，并有意识地辨别。这时观察者获取的信息能够反映出观察对象内生循环的表现、表达及与外部交流的方式。

更好地了解人体的内生循环过程，一方面有利于治疗师的认知、诊断和评估工作，另一方面也有助于治疗过程中咨询和干预的有效开展。治疗师在这方面积累的经验可以帮助他加强对被孤立的单一现象、信号和表达特征之间的联系的认知，避免仅以影像式、简单化的方式笼统解读身体语言和表达。在上述例子中，在外在层面，表达特征（手里玩笔）、信号（当事人的烦躁）和传达的信息（当事人急着结束会议）之间通常存在某种关联（身体内部自发的运动）。这些特征、信号和信息也是一种能动性的表达，直接作用于人际交往和行为方式。

对单一身体内生循环（如呼吸、运动、面部表情）的"孤立"观察和评估意义甚微。将相互关联的身体内部循环（如呼吸与运动、呼吸与声音）和外部循环（如呼吸和人际交往、运动冲动和行为举止）结合起来进行的认知和评估才能收获成效，也更有意思。对于多数人而言，对两个以上的内生循环同时进行有意识的感知、体验、调节和控制是一项很有挑战的任务——越是有

第三章 非语言沟通让沟通更有效

意识地运用身体语言进行非语言沟通，越容易感到困惑。这种由自身或他人引起的困惑和随之而来的不安，是认识和学习身体语言和非语言表达的重要前提。我们的大脑每时每刻都在不稳定的状态下运转和接收信息。在交际环境中感到困惑进而对此进行非语言表达，会使我们产生好奇心和惊讶的感觉；好奇心和惊讶又会反过来刺激感官，让我们去接收新的信息，扩展视野。

人们（传播者和接收者）即使竭尽全力，也不可能避免这种不安和困惑。有意识地对这种感觉进行感知和分析，有助于增强人们的身体体验，并能帮助人们认识身体的多层表达及其对沟通和人际关系的影响。

同时，无意识的情绪和身体表达与有意识、有目的的认知控制相互作用。作为观察者，人们可以从中体会到当事人如何贯通可体验到的内部世界与可感知到的外部世界，还可以洞察到他人的内心状态和典型身体行为特征。

我曾经给一名大型企业的总经理做过指导。作为企业领头人，他常年的行为模式是将新情况和复杂问题看作挑战去"轻松"面对，而有意识地忽略由此引起的压力。他对我提及，在一次商务会见时，他曾经被突然问及企业未来的发展策略。他对此毫无准备，也没有具体的答案。即便如此，他仍然表现出一副镇定自信的样子，对公司的现状进行了一番详细分析。结果对方对于他的回答非常满意，并且与他达成了合作协议。当我询问他是如何做到处事不惊时，他并不能给予我明确的答复。不过我察觉到他嘴角挂着的微笑,并向他指出了这一点。他这时提到,也许是他的轻松幽默帮助他屡屡战胜压力,"渡过难关"。我随即问道:商业伙伴会不会正是被他的笑容所感染而加深了对合作的信心?他表示这很有可能。

在上面的例子中,在职场中助总经理一臂之力的不是他的分析能力,而是他无意识中赖以生存的行为模式——微笑和幽默。他的商业伙伴对此的感知同样也是无意识的,并且做出了无意识的反馈——内心的折服。

由此可以看出,身体语言具备自身的强度、活力和规律。身体语言不是二维的标语式刻板知识,而是对个体感受与表达过程的反映。在交流过程中对身体语言进行观察并给予反馈,会促进新内容与新假设的产生。这意味着交流通道的打开,并会反过来激发非语言沟通的继续发生。

身体的内部循环过程及其产生的无意识关联,实则为当事人综合考虑众多因素的结果。这些因素包括情绪状态、举止表现、生活印记和交流意图等。

下文将介绍几种典型的身体内部循环及其内在联系。

呼吸和运动

人类机体的能量主要通过呼吸产生。吸气与呼气的转换和停顿主要依靠肌肉控制得以实现。因此,呼吸与肌肉运动紧密相连——这既可以从内部被感知到,也可以从外部被感知到。

第三章　非语言沟通让沟通更有效

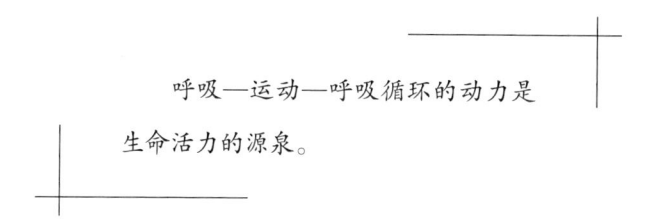

> 呼吸—运动—呼吸循环的动力是生命活力的源泉。

呼吸—运动—呼吸循环的过程是人类在身体舒展时感受外在世界，从中获取能量，并将自身与环境合二为一的过程。人们普遍认为，人越是紧张，呼吸越吃力，获取的能量越少，生命力越弱，反之亦然。另一些人认为，肌肉张力越大，呼吸越强，精神则越旺。

对这一循环的观察可以帮助人们了解人类身体的内在力量。这种力量既可以被压制、减缓、抵御，也可以被调动、强化、激活。呼吸和身体运动越自如，人们越能释放机体的自发能量。同时，感受呼吸和运动能够促进个体对自己身体和情感的体验及表达，这也是非语言沟通的重要组成部分。呼吸加强，运动加强，感觉也随之加强。自由状态下的呼吸和运动可以准确反映出身体的自我调节能力，为其状态（如收敛或张扬、紧张或放松、保守或主动）提供重要的选择依据。

身体部位的反应

姿势、张力和运动通过相应身体部位的两侧肌肉的配合得以实现。例如，肌肉松弛，显得较为无力；肌肉发力，显得坚硬、刚挺。因此，人的身体是无力的还是强劲的，要取决于两侧肌肉、两种力量的共同作用。

一个人在成长中习得的紧绷体态模式通常会在相应的身体部位得到具体体现。如果某个身体部位出现阻塞，将会通过其两侧肌肉的相互作用具体体现出来。这种局部阻塞会影响整个机体的能量供应。大多数人意识不到自身这种堵塞的存在及其引发的身体内部紊乱，然而，旁观者却可以感知到这些。

例如，也许你有一个正处于青春期的儿子，当你问他是否在和他经常提起的一个女孩交往时，他虽然矢口否认，但是身体部位的堵塞却会导致某种异常表现，比如迅速站起来、转移目光，或者提高语速。你作为父母也能迅速、清楚地察觉到他的异样，确定他在撒谎。

再如，某人与你相对而坐，并试图让你相信他一切都好。你却对此心生疑虑，因为你看到他将双手紧握成拳，并流露出明显的紧张情绪。

又如，某人向你表示他目前生活状态平静，却丝毫没有察觉自己放在桌下的双脚在不由自主地不停晃动。

身体的各个部位与整体间的相互作用可以从外部被感知到，透露出当事人下意识的行为。这种行为模式往往与其成长经历有关。

身体部位中被激活的力量与未被激活的力量的相互作用，以及局部与整个机体的相互作用有两大重要功能：一是有助于促进

第三章 非语言沟通让沟通更有效

和保障机体运行的稳定性；二是避免过多不必要的能量消耗。同时，维持系统稳定所需的能量与发起运动所需的能量紧密相连。这种相互作用的力越平衡，动作消耗的能量越少。当这种相互作用受到抵制或阻碍时，会引起能量爆聚甚至衰竭，会对人的沟通造成不良影响。

例如，你正在向他人解释某件事。在身体表达层面，对方看上去有些无力。当你们在谈话中变得更加投入、兴奋甚至紧张时，对方渐渐陷入沙发中，几乎处于半躺的姿势。此时，他的大脑功能被激活，身体却失去了张力。你感到可以与对方进行很好的交谈，但并不认为可以与他一起大干一场。

再如，你在茶歇时在楼道撞见了某人，然后你们开始探讨一个问题。这个问题较为复杂，需要敏锐的思维才能找到解决方案。你注意到对方精神饱满，然而似乎有急事要做。他的身体一直在不停地动，重心不断在双脚之间转移。他环视其他人，又将目光转向你，摆正领带（即使领带已经很端正了）。他的目光坚定，适时地转向你，却仅仅停留片刻。这时，你应该可以敏感地觉察到，不应该继续与此人就此重要问题进行讨论。

在上述情境中，你对某人越是熟悉，越可以判断出此时此刻继续谈话是否有意义。

对身体部位以及部位与整个机体之间的相互作用的感知，可以帮助我们提高对反复出现的身体表达模式的认知敏感度。身体阻塞部位对运动造成的阻碍越显著，越可能被有意识地感知到。

个体内心对这种阻碍所施加的情绪抵抗越多，阻碍便越会表现得强劲放肆，越会强有力地影响非语言沟通。最终，人们会感到无法继续忍受，简直要完全爆发，但也许仍旧会咬紧牙关，竭力让自己镇静下来。

半自主身体反应

相信许多人都很熟悉那些常常是不引人注目，却在对方或自己身上不断重复的身体反应（如咬指甲、挠头皮等动作）。有时，尽管人们的体态看似平静，但身体各个活跃部位却会发出相反的信号。这表明人们在无意识中同时经历着紧张与放松两种状态——这种半自主的身体反应独立存在。这可能会极大地搅乱非语言沟通，因为即使人们没有对其有意识地关注，也往往无法避免对其进行感知并受其影响。这同样适用于反射性反应。当人们意识到自身的半自主反应时，比如意识到自己正在咬指甲，其症状往往不但不会减弱，反而会加强——可能会产生所谓的"替换活动"，并且往往会感到一丝不安。

和其他国家不同，中国人在日常生活中的半自主身体反应现象很明显。比如许多人上半身坐姿安稳笔直，（下半身的）双腿却不停晃动。晃腿这个动作在很多情况下起到的是释放压力的作用，或许也具备某种文化特性。人们会情不自禁地摇晃腿部，同时又竭力掩盖自己浮躁的一面，不让对方发现。

庭伯根（1952）和洛伦兹（1978）认为，"替换活动"是

第三章　非语言沟通让沟通更有效

一种在冲突情境下产生的行为，仅凭借语境是无法对其做出解释的。在行为研究中，人们将其解释为存在于"对立的本能"之间的冲突，而人们的"替换活动"或尴尬举动，比如在解决难题时所做的伴随性的挠头或拽耳垂的动作（尽管这些部位并没有感到瘙痒），正是对这种冲突的身体表达。

> 半自主身体反应虽然是自发产生的，但通常能够被意识到。每个人都能观察到这种现象，但将之当面告诉当事人，常常会令他产生羞耻感。

人们通常知道自身做出的半自主身体反应。人们虽然不会总感知到它的存在，但重复的体验让人们对它十分熟悉。不少人都有过类似的经历：自己明显感受到他人察觉到了自己的半自主行为，即使没有人直视或者指出这一点。人们因"通过他人的眼光"被评价而感到尴尬不安。即使这种身体反应本身不具备任何特殊含义，人们还是会觉得"一不小心被逮住了"，因而会刻意加强自我控制。这常常会导致症状更加严重，反过来又会强化无意识的羞耻感，并让人产生"被所有人看到了"的感觉。同时，"没有人对此明确指出"这一事实恰恰符合"被暗暗察觉到"的感受，让"暴露在他人眼光下"的感觉更加强烈。

人们常常会利用一种次级表达方式来隐藏、掩盖不"允许"被看到的事物。半自主身体反应使某些不该被公开的事物公之于众。

例如，你正紧张得双腿发抖，但不想被他人察觉，于是你或许会特意挺直腰板或者提高嗓音，以表示自己的专注和自信。

这种次级表达方式也可以在当今社会的网络交流中找到踪影。随着带有照相功能的智能手机的普及和社交网络的流行，人们可以随时随地上传照片，发布各类信息。照片上的自己或他人常常呈现出有趣、夸张的姿势。这些信息一旦被公布，就会被他人接收到。人们借用照片影响他人对自己的印象。我们看到这些照片时会经常有种印象：这个姿势是为了拍照特意构想出来的，其目的不在于自我表达，而是为了使他人产生预期的感受，或掩盖当事人不想让他人知道的一面。

产生声音的呼吸

人通过嘴部进行呼吸时，会带动声带，由此发出不同程度的声响。基于生理反应，人在承压状态下，比如快跑或者情绪紧张时，会自动用嘴部进行呼吸，以便获得更多的氧气，随着呼吸加剧，发出的声响也会加大。这个现象十分普遍。

然而，在我所处的（西方）文化中，人们普遍受到的礼仪教育是，呼吸时不应该发出明显的声响，甚至要强制闭合嘴部，尽量降低音量。因此，在压力面前，大多数成年人并不会启动嘴部呼吸模式。那么，人们究竟调动了身体哪个部位来抑制嘴部呼吸运动的产生呢？是保持嘴部闭合的颚肌，还是喉咙，抑或耸起的双肩？对这种阻碍效果的定位可以反映出当事人是如何学会避免嘴部呼吸的。进一步对此探究可以使我们对当事人成长经历和人际关系状况做出合理推测。

例如，紧绷颚肌来保持嘴部闭合，表达出的是开口进行表达的意愿；微微张开嘴进行呼吸却在喉咙的发声区阻碍了轻微声音的发出，表明人们有意压低声音，而不是尽情释放；用力地挺直腰板以减弱呼吸的深度，则表明内心情感的压抑往往源于儿时经历，比如受到家长的批评后开始学会压抑情绪。显然，这并不利于通过声音和呼吸在身体层面进行自我表达。

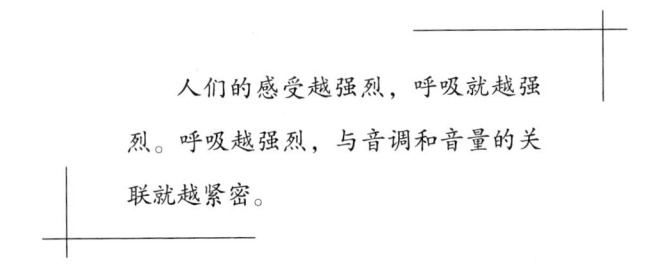

> 人们的感受越强烈，呼吸就越强烈。呼吸越强烈，与音调和音量的关联就越紧密。

音调和声响的产生是很正常的生理学现象。这为人们提供了对自己的呼吸系统进行全面感知的机会，不仅有助于提高听力的敏感度，还能让人们体验到声音在全身，尤其是在头部所引起的振动。这种呼吸与声音的共同作用，同样与个体的感受、想法、回忆等因素紧密相连，在某些情境中可以唤起个体对儿时欢乐、迷恋、愤怒等经历的回忆，或者触及暴力、性、恐惧等带来的精神创伤。

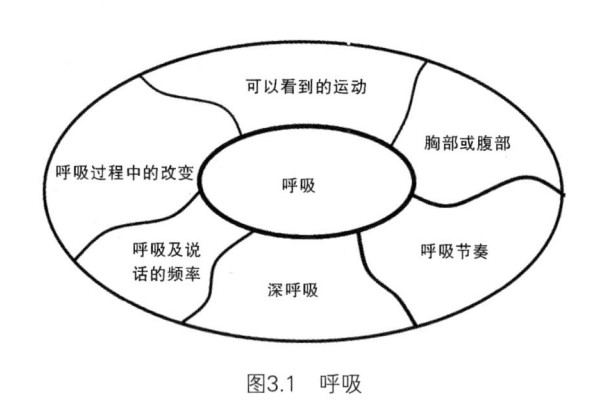

图3.1　呼吸

对呼吸和声音之间的关联及具体音质的感知和评估为进一步探究非语言沟通打开了一个新渠道，让人获得了在非语言沟通过程中实现身体内外部和谐共振的能力。作为沟通对象，人们永远无法逃避聆听，因为耳朵总是开启的。即使人们捂住双耳，仅仅是观看或回忆某事，也会体验到身体内部的生理和情感回声。

放松与紧张

直立行走是人类的本能。在与重力配合或对抗的过程中，每个人形成了各自的运动模式。在空间中站立、占据空间、在空间中活动，均是通过身体内在和外在的"放松与紧张""保留与释

第三章 非语言沟通让沟通更有效

放"的共同作用实现的。如果机体的某一部位很放松,身体便会通过其他部位的反作用进行整体调控,以保持张力,确保身体处在稳定状态。这是维持身体平衡,保证运动完成的前提。如果长期的力量不平衡状态成为习惯和无意识行为,则会导致身体表达的局限性。

例如,在一般情况下,人们在行走时会轻松迈开脚步,双臂自然摆动——其动作既有放松的部分也有矜持的部分,体现了松与紧的平衡。而有些人在行走时则会将双臂紧紧交叉在胸前,这就是平衡力长期被破坏导致的。

在日常生活中,我们经常用类似诸如放松或释放、紧张或紧绷等描述身体状态。这些词都具有两面性。人们所指的放松,可以是"积极的",起到放松身体和平静心灵的作用;也可以是"消极的",表现为筋疲力尽、毫无斗志。同样,"积极的"紧张可以通过张力和适当的压力使人感到振奋有力;而"消极"的紧张则会让人局促不安、六神无主,甚至身心枯竭,进而使人的行为举止和自我表达受到阻碍或抑制。

我们不能就紧张或者放松做出简单的判断——紧张和放松的共同作用才能说明问题。这在交流中则表现为身心的松弛和认知系统的控制的相互作用。

> 人类的身体总在"松"与"紧"两种状态的共同作用下达到平衡。这在每个人身上体现出不同特征。

站立、行走、躺卧以及安坐都属于人们的身体体验和自我表达方式。它们以个人身体平衡能力、肌肉收缩的能力和对身体姿态的偏好为基础。

人在站立时从来就不是静止不动的。人们不可能像埋于土壤中的一根棍子那样矗立。挺直站立是骨骼、肌肉、肌腱、韧带等组织在借助和阻抗重力的同时,通过复杂的协调而共同完成的运动。即便人们主观地认为自己纹丝不动,身体内部的五脏六腑始终处在肌肉调节的运动中——这种运动往往不被人们感知。世界万物都是运动变化的,这不取决于人的主观意识。在某些情况下,特别是在承受压力和重负时,人们为调节平衡而付出的努力会被感知——有时候恰恰是被外人感知,而非当事人自己。比如某人声称自己可以毫不费力地久站,而旁人却可以敏锐地感觉到其实不然。这时,在两者间发生的非语言沟通及互动十分有趣。观察者到底应该依赖对方的言语内容还是其身体传达出的信息呢?此时,如果仅在言语层面进行沟通,而忽略或误读了非语言信息,往往会导致误解的发生。

第三章 非语言沟通让沟通更有效

交感神经系统和副交感神经系统通过调动和抑制的双重支配调节身体活动。交感神经系统能促使运动机体去适应和了解外界环境。加上"战斗或逃脱"的原始生存模式的作用，交感神经系统在环境急剧变化的条件下，可以动员机体组织，如骨骼、肌肉、心血管系统、神经和内分泌系统的潜在力量。

在感知和判断身体的功能时，我们要考虑到个人的身体条件和其所处的具体环境。身体或是在工作，或是在休息，不可能同时处于两种状态。而决定身体两种状态的交替则是外界因素（如负担、压力等）以及身体的内在潜力和内部循环。

每个人对于身体表达和动作的驾驭能力不同。有些人可以借助身体语言进行顺畅的自我表达，并且乐此不疲；而有些人对此则似乎不太擅长，甚至感到窘困。

在不受外界因素影响的情况下，有些人受到身体内在动力的驱使，积极开心地投入到各种类型的活动中，而有些人感知到的则是身体对休息的需求。身体的内在状态不仅决定了每个人的动机规律，也影响着每个人对于生命意义的理解。这在一定程度上造就了乐观派或悲观派、行动者或空想家。在交流过程中，作为观察者的一方可以对这些非语言表达所透露出的有关当事人的信息进行领会，并且做出本能反应。

例如，你也许在生活中碰到过这样一些人：他们身上总洋溢着潇洒轻松的气质，和他们在一起让你感到轻松悠闲。他们是可以与你一起去郊游的好伴侣。但本能告诉你这种人不一定会脚踏实地做事，因此不适合做你的创业伙伴。

身体对于外界重力做出反应的能力体现在机体各个部位和整体的协调及相互作用中，也表现在身体表达上，包括体态、面部表情、手势和声音。有些人自出生起就有着丰富活跃的身体表达，其他人则不一定那么幸运。心理学家称这种身体表达为人与生俱来的秉性（Klüwer，1970）。而赖希躯体治疗理论则认为这是性格结构。外界情况在这里仅是边缘因素，我们可在判断和解读过程中对其加以考虑。

大脑皮层控制及其过程

人的大脑能够调控人体的各部位和循环系统。同时，它会收集来自外部的刺激，并发出反馈信息。中枢神经控制着身体赖以生存的基本功能，如消化、排泄和呼吸。大脑的边缘系统则控制着人的情感、本能以及冲动。而诸如语言、思考、组织等人体主要生命活动则由大脑皮质区域调节。除此之外，大脑皮质区域还抑制其他"低级"脑细胞发挥作用。这种控制被称为皮质控制。

大脑皮层掌控着人体运动的有序性，通过对动作单元排序组合——加上脊髓和脑干的反射作用——让我们产生不自主或半自主的行为。这些行为会被不同的人生经历染上感情色彩。这些行为模式仅在特定条件下受到大脑皮层的控制。

在一般情况下，身体运动、身体语言和大脑皮层控制能够相互作用，达到和谐统一。然而，在人们处境不妙时，如面对压

第三章 非语言沟通让沟通更有效

力、危机、重负或者是为情所困时，大脑皮层控制发挥的作用会受到影响。这种影响程度是因人而异的。大脑皮层具有较强控制力的人往往能够稳定情绪，集中意念，减少身体动作，保持与交流对象的距离，在交流中加强自控，以言语表达为主。而大脑皮层控制力较低的人会在交流的过程中以夸张无节制的身体语言进行情绪表达，而且易受到外界环境影响而导致自我控制力减弱甚至丧失。当我们还是孩童时，便开始学习为适应环境而将身体调控到抗压的备战状态，对大脑皮层控制力进行训练。随后，这便构成了我们个性中的一部分，成为我们的日常行为习惯，并直接影响了我们在交流中对身体语言的运用。

一个孩子正在尽兴玩耍，父亲告诫他不要调皮捣蛋。每当这个孩子行为"出格"时，父亲就会拍打他的肩膀示意他要"收敛"。这种教育方式发展成了一种潜移默化的行为反射。孩子成年后，每当受到质问或者指责时，他的身体似乎本来要转向他人，却随即做出微微蜷缩的姿势，因为他在潜意识中已经预感到将被拍打肩膀。由此，身体长期处于由运动冲动和防御姿态的对抗造成的紧绷和拘谨中。

> 在日常生活的大部分时间里,我们可以通过训练对身体语言做出调整。然而在压力面前,我们会情不自禁地展露最真实自然的一面。

我们可以学习如何变得"举止高雅",却不可以在压力面前避免"原形毕露"——做出典型的个人面部表情和行为举止。体育、医学、话剧表演等领域的工作人员借助人的这种特性,通过对个体施加压力,比如心脏负荷测试、矫形外科的压力位置诊断、表演的抗压训练等,感知其身体语言和抗压能力,并对此加以区分和判断。

人际关系的内在冲动

对他人进行观察感知,通过其情感表达感受其内心世界,通常并非易事。一些人为此感到难堪或紧张,另一些人则担心触及他人的隐私。反之,当我们意识到自己被他人观察或感知时,也会感受到类似的情绪。

身体语言和非语言沟通不可分割,相互依存。身体语言能够为交流注入有重要意义的强心剂,引起对方的情感共鸣和反馈。这种发生在当事人之间的内在的相互回应在交流中无时无刻不在发生。对身体语言的解读不是中立客观的分析，因此离不开对身体语言的体验。身体语言从来都是个人的、主观的，它蕴含人际间的情感关系要素，在非语言沟通中起重要作用。当我们自问对方的眼神究竟在表达什么时，也会感受到随之而来的内在情感体验。反过来，当我们对他人进行审视时，我们的眼神也会透露我们的内在情感体验。这种眼神的表达取决于情境和个人状态，也来源于个人生活经历培养出的感知方式和下意识的眼神交流习惯。

身体的外生循环

下面我们将重点转移到发生在"身体外界"的循环（Sollmann，1988）。

植根、呼吸与交往

身体语言可以映射出每个人"植根"的程度和质量。"植根"的字面意思是将根扎入土壤中，在这里指的是个人深入自己的内心，和真实的自我建立联系。不同强度和节奏的呼吸为身体语言注入了特别的活力，使个人表达更为生动丰富。可以说，植根越扎实，呼吸越平稳，个体在与他人的交往过程中也会越自信。如果仅片面地对待植根、呼吸与交往这三个部分，会使身体语言分析缺乏真实度。

考虑到这三个因素的相互作用，在交流过程中始终对作为交流潜在动力的身体语言保持高度敏感和开放无可厚非——不论是在互动过程中还是在主动表达时，或是在对交流对象身体发出的微妙信号进行揣测时。

在交流过程中，身体语言主要由以下三个内在冲动唤起：

第三章　非语言沟通让沟通更有效

> 瞬间产生的毫无预知的冲动
> 被看到或觉察到的冲动
> 被感知到的冲动

> 人的植根能力反映出他与现实的关系。植根越是扎实，个体对身体和真实自我的感受越准确。这种能力对于适应环境不可或缺。

莱希和鲁文将人看作身体、感情、灵魂和行为举止共同作用的整体。每个人独有的自我表达形式体现在其肢体活动能力和内在冲动性上。身体表达反映了个人的性格结构，也体现了他立足于世界和对所处环境做出反应的方式。身体的所有相关部位在这一过程中所发挥的功能完全一致。（Lowen，1988；Sollmann，1986）在呼吸过程中，这一点体现得尤为明显。呼吸的动力在颈部和颅底部位产生。吸气和呼气的动作随着胸腔和腹腔之间的横膈膜的一张一弛完成。这个过程本身是通过肌肉运动产生的，它的产生形式因人而异——既与个体的成长经历和身体体验密切相关，也受到他所处具体情况和背景的影响。

例如，胸部在呼吸时无明显起伏，往往是由于肋骨部位的肌肉僵硬紧绷。如果这是常态，则表明当事人从小就习惯于控制收敛呼吸，以压制自己对内心感受的表达。

比如，当孩子独自在家感到孤独无助时，便会大声哭泣。随后他意识到父母没有因此出现在眼前。最终的结果是，孩子学会了通过夹紧肋骨、憋住呼吸来抑制情感发泄。然而，长期的呼吸不充分可以导致自卑感的产生。成年后，即使身处与他人的交往关系中，此人仍旧摆脱不了这种孤独感，或许他还会有悲伤或者不满的情绪，然而他自己却对此毫无意识。他的行为举止会给周围的人留下性情冷漠、难以接近的印象。这反过来又增加了他的与人交往的难度。

当人们面对压力时，比如遇到纠纷、生病、失恋时，植根—呼吸—交往间的相互作用将进一步加强。我们在这时对当事人进行仔细观察，比如注意其身体站姿、呼吸节奏以及动作举止（包括触摸或者下意识的眼神交流），就可以收集到准确无误的信息。

根据我的经验，人们对于自身的表达及其发挥的作用往往是有感知的——有时是无意识的感知。在日常生活中，非语言沟通如果得以顺利进行，便表明人们对所处背景和交流对象传达的信息的感知是合情合理的，并对此做出了恰当的判断和反应。

例如，德国外交部前部长菲舍尔在任职期间，在媒体上呈现出的形象总是紧皱眉头。然而他在1998年任职之前以及在任期结束后，却并不是这样的。观察到这个变化的人们不禁对此感到不解。有皱眉头习惯的人一定知道，皱眉头并不是一个使人放松的

第三章　非语言沟通让沟通更有效

动作。那么，菲舍尔的这种习惯可以被解释为长期处于紧张状态的结果。他工作努力、坚持不懈的公众形象也由此产生。诚然，外交部部长本身就是一个承受巨大压力的职位。然而，皱眉头也是菲舍尔在成长经历中养成的一种行为模式。

菲舍尔在党内人气颇高的另一个原因是他所散发出的亲和力。他对工作的不懈努力和热忱态度体现在行为举止上，以非语言形式感染着他人。正如大家所看到的，这极大地促进了其事业的成功。他的勤奋和激情也可以算作行为模式。此外，他脚踏实地、毫无怨言的作风令人钦佩。这也体现在他为了适应高强度工作而做出的身体调整中：他曾经由于体型偏胖而"缺乏良好的身体感觉"，随后他通过长距离慢跑成功减肥，而且将这段经历与大众分享。其著作《在长跑中寻找自我》（Fischer, 1999）是一本令人信服的体现其真实面貌的自传。通过现身说法向公众传达勤奋、朴实、激情等精神品质——这使菲舍尔进一步得到了公众的青睐。

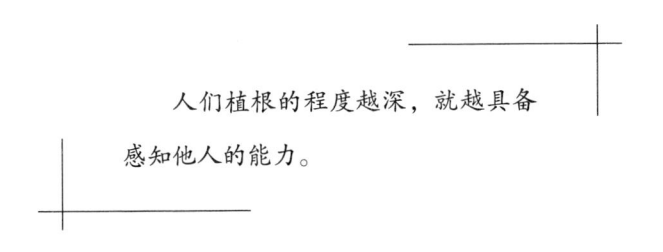

> 人们植根的程度越深，就越具备感知他人的能力。

了解植根、呼吸与交往的三维合一的背景知识，可以帮助人们更好地观察和识别他人在交流过程中认知对行为的控制。人们在承受压力或重负的情形下所进行的有意识的控制无法摆脱植根、呼吸和交往三者的相互影响。这种影响将至少在三者中的某一方面表现出来，使当事人暴露真相，引起观察者注意。

　　例如，一个女人优雅、端正地坐在靠背椅上，双腿交叉，肌肉紧绷，眼睛明亮有神，嘴边流露淡雅的微笑。同时，她用指尖轻轻敲击椅子扶手，并且正在有意识地做深呼吸。综合这些非语言信息，我们可以做如下描述：这个女人一方面在努力自控——她的双腿姿态和呼吸状况可以透露这样的信息。同时，她试图通过微笑来避免暴露内心的活动。那么她的手指动作则表明，她只能在某种程度上进行自控。她很有可能非常缺乏耐心，甚至极为不满——这些感受是无法被完全掩盖的。

　　对非语言表达的关注同样适用于观察者本身。自己是否感知到内心共振的产生，并接受其产生的动力？自己的感觉器官是否完全打开了？对于自己内心共振的感知有助于非语言沟通，能使观察者着眼于整体，避免在没有对三个因素产生总体印象时就过早地做出判断。

　　此外，这也可以降低认知的难度。当人们摒弃所谓的"准确的"、有目的性的观察，倾听内心的声音，使自己尽情去感受表达内容整体性和多样性，便能毫不费力地获取大量信息，使一些似乎不重要的信号和边缘感知发挥作用。

第三章 非语言沟通让沟通更有效

动作和交谈

通常，人们通过对交流对象身体语言的感知对其产生初步印象。然而，在复杂的交流情景中，人们对身体语言的感知能力是有限的。这在众多交际心理学的思维模式理论中得到了验证（Schulz von Thun，1981；Frey，1999）。身体语言的"初学者"往往会抱怨因受到过多通过言语传达出的有声信息的干扰，而无法对身体语言足够留意。

例如，两个人正在进行谈话，要就某事进行商讨并做出决定。双方都竭力强调自己的论点，希望以事实依据和逻辑思维说服对方。讨论愈加热烈，其中一方情绪激动，开始边说边敲打桌子，并目不转睛地直视对方。在这种压力下，如果另一方是身体语言的"初学者"，心里不免会产生焦虑情绪。这会导致他下意识地更加专注于非语言层面的信息，而忽略语言信息。这时，身体语言便以一种微妙的方式对谈话起到了直接作用。这当然也会影响论点的性质和最终的决定。情绪激动的一方通过身体散发出的火星点燃了"初学者"。即使后者努力继续在对话中保持理智，也避免不了情绪上的混乱。这最终可能会导致双方做出不利于"初学者"的决定。

如果人们在交流中能够暂时抛开以事实为依据的理性思考，便可以更强烈地感受到情感因素，如友善或者厌恶。西皮（1998）的情感逻辑理论指出，情感对感知施加直接的系统性影响，起到调动或抑制作用。他提到了感觉、思想和行为三位一体的综合模式。在谈话中，当我们对交流对象产生好感时，原本冷冰冰的事理依据也会显得充满人情味；相反，反感的情绪会使我们对对方发表的任何言辞都表示怀疑，即便这些言辞都是有事实依据的。这时，如果有第三方在场，他往往可以马上洞察出这种情况，并适时地做出干预。

为了能够应对这种复杂的感情作用，观察者要具备对感知模式和行为模式的整体认识。人们越能对感知层面做出瞬间调整，便越能对交流对象做出符合现实的身体语言勾勒——这当然要以中立、友善的态度为前提。

你还记得上文提到的那位坐在椅子上的焦躁不安的女士吗？观察者越是有意识地进行感知，越能够捕捉到不同身体语言发出的多层面信息，进而做出整体认知而非局部分析，也越能够对她的个性特征产生综合印象。这种多层次的感知有助于我们感受不同非语言沟通信号的意义。

调整感知层面可以让我们换个角度观察所谓的客观事物，由此发现更具说服力的论据——这些论据也往往更容易令对方接受。反之，则会使论述显得"强词夺理"。

我在这里想再次提及教学研究的理论结果，即孩子如果处于动态的教学环境中，那么他们对所学内容会做出更迅速的领悟，并且保持更持久的记忆。这种学习与运动的关系会影响我们的一生。孩子是在行动过程中去认识这个世界的。例如，通过触摸、扔、推等动作，他会认识到皮球可以滚动。通过行动，孩子的身

第三章 非语言沟通让沟通更有效

体进一步发育，触觉被激发。孩子在第一次玩皮球时感受到了快乐，于是他主动触摸其他球形物体，从而认识到一切球形物体都可以滚动。在这个过程中，孩子的身体感知力、触觉和压觉以及思维能力都得到了发展。随后，孩子的认知能力和情感处理能力也会在这种探索性学习过程中得到培养。

例如，两岁的保罗在玩耍中偶然发现球体可以滚动，于是，他每次看到球体就去转动它。随后，在幼儿园他总挑选球类玩具去玩耍。这表明，他不仅认识到了球的属性，感知到了自己在玩球过程中的快乐，还有意识地将球选为自己最喜欢的玩具。每当玩球时，他总是兴奋得手舞足蹈，而有些小朋友则学会了安静地进行绘画或者阅读。我们几乎可以肯定，这种具有表现力的肢体表达在成年后的保罗身上将会清晰可见。

任何形式的运动都能帮助我们在特定环境下减压、稳定情绪，以便我们在交流过程中保持平静，集中精力，展现出令人信服的一面。毋庸置疑，这是我们在交流中占据有利位置的重要前提。

你或许也有过这种经历：当你在和某个难应付的客户通电话时，你很清楚对方不会被轻易说服。如你所料，谈话进展得并不顺利。这时你会继续坐在椅子上还是站起身走来走去？如果你的确还在坐着，你很可能会拿起笔来随意地画几笔，或挠挠头、晃晃腿。

案例3
默克尔：独特的三角手势

自从默克尔在2009年大选中获胜后，人们便经常看到她重复性的下意识手势：双手手指相对，形成倒金字塔形状，这是默克尔独有的言语伴随性手势。这个被戏称为"默克尔三角"的手部动作背后的含义被竞相解读、猜测。有人引用默克尔身体治疗师的阐述对此进行了解释——他声称曾建议默克尔使用这个手势来表现内心的平和。练过瑜伽、做过呼吸练习和冥想的朋友对此并不陌生。

图3.2 "默克尔三角"手势

对于默克尔这个下意识的习惯性手势的猜测远远不止于此。人们发现，默克尔在出席正式场合时尤其"需要"它。比如当她登上演讲台，意识到自己成为摄影镜头的焦点时，便会马上将指尖相对，做出倒金字塔手势。这个手势已经成为大众在默克尔身上最常看到的身体语言，可以被理解为她面对压力时的反应：她通过这种方式在公众面前掩盖压力。默克尔不喜欢出席公众场合的事实已众所周知。这恰恰印证了上文提到的同样适用于大众的常规：在压力面前，人们退居原始"求生模式"——总理也并不例外。默克尔在公众舞台上的这个常规性经典动作不禁使人猜疑总理长期处于高压状态中。她本人是否注意到了这点并不重要。

在还未就任德国总理时的从政早期，默克尔曾经接受摄影家赫尔林德·科尔伯的私人采访。在谈及有关成长过程中的身体体验时，她透露曾在年幼时期被长辈长时间关在儿童游戏围栏内（Koelbl，1999），而不能像其他儿童一样，充分自由地进行身体体验和表达。这段经历过去两年后，她才开始在父亲的帮助下学习如何在行走时调整身体，以便在有坡度的路面上保持平稳。

作为成年人的默克尔纵然可以像大多数人那样根据路况协调体态，但她的行为动作（包括手势）还是暴露了诸多端倪，暗示她有特殊的生活经历。她称自己是"运动白痴"（Koelbl，1999）。我们不难得出结论，默克尔即便在专业人士的帮助下进行过专门训练，也很难摆脱或是掩盖这个在压力下情不自禁的手势。那又如何呢？或许正是这个情感表达信号使她赢得了选民的信赖和赏识。顺便提一下，默克尔出色的沟通能力（包括行为举止）在其政治生涯的各种场合中已经被无数次验证——虽然这并不被看作她的强项。默克尔的领导风格大概恰恰可以用"沟通"来概括，而不同于其前任施罗德总理的"一切齐活"。

这段未能给自己带来自信的童年经历并未阻碍默克尔登上公众舞台。这是难能可贵的。

脱离聚光灯和媒体，默克尔在与她信赖的人一起工作时，展示得更多的是放松幽默、亲切温柔的一面。

第四章

身心发展结构模型

儿童身体语言的阶段性发展

人类是"生理上的早产儿"（Portmann 1953；Klüwer 1970），尚未发育到可以独立生存，便来到了这个世界。婴儿的生存和身心发展，在很大程度上依靠其与所处环境的形式多样的接触，尤其是与母亲的接触（如与母亲的身体接触、对她声音的感知、得到她的保护与关怀等）。在这个过程中，婴儿得到满足的不仅仅是他的身体需求，还有他与社会接触的愿望。孩子通过与母亲的互动交流，对身体产生印象，并学会了区分不同的身体需求。

> 在与母亲的互动交流中，孩子对情绪和身体的感知得到了整体发展。孩子逐渐成为特定社会背景和文化环境中的一员。

心理分析师埃里克森（Erikson，1974）是上述婴儿身心发展理念研究领域的代表。埃里克森详细描绘了人类生命历程的发展，其理论基础是表观遗传学的生命阶段学说。（表观遗传学认为，在个体的成长和发育过程中，环境刺激可以引起基因和遗传的改变。）对儿童而言，各个生命阶段之间的过渡过程都会包含个体发育与社会需求之间的种种矛盾。下文将对此逐一介绍。

克鲁沃（1970）和施皮茨（1996）的早期研究已经证实，母亲和孩子之间的基本情感氛围和相互信任建立在一种整体认知的基础上。心理学称这种整体认知为"肌肉运动知觉"。它主要包括"皮肤和身体的接触觉、肌肉运动的多种知觉，如对振动、节奏、紧张和放松、姿势、温度和发声的知觉（还包括平滑肌和自主神经系统，即交感神经和副交感神经）"（Klüwer，1970）。

在下一个发展阶段中，可区别的感知从"肌肉运动知觉"的体验世界中分离（得到显著发展的有横纹肌、中枢神经系统、逻辑思维和视觉感知）。儿童习得的区分感知模式和结构将在其整个生命过程中发挥作用，即便这种作用常常是隐性的。

孩子在所处环境的社会群体（通常是家庭）中学习认识自我。比如，他会发现行走、站立这种新姿势带来的全新身体状态。"成为具有行走能力的人是孩子发育过程中的重要一步。他感受到的不仅是身体能力以及这种能力在其所在文化中的意义。他在享受到行走带来的快乐时，也从周边人的认可中获得了自我实现的感觉。"（Erikson，1974）这种感觉是个人整体能力得到发挥的完美化身——埃里克森将其称为"自我认同"。孩子在自我感觉良好的同时感知到周边人（尤其是母亲）的认可，从而产生积极的自我认同。

埃里克森详尽阐述了自我认同形成的复杂过程。一方面，这是描述和理解人类心理社会性发展的一种方式；另一方面，埃里克森的论述在身体发展与相应机体功能的培养之间建立了直接联系。在下文中，我将依次介绍各个发展阶段，以各阶段身体和功能的发展为重点。我将结合赖希疗法理念具体加以阐述。

埃里克森以特定模型为基础，在该模型下，孩子的人格"呈现阶段性发展特点——这一方面由人类机体的成熟度预先决定，另一方面也受到个人对社会进行的有意识感知和体验的影响"。其中，危机扮演着核心角色，也在各个阶段间发挥了承上启下的功能。因此，危机是人类发展中不可或缺的一部分。危机的表现能够体现出各阶段的发展是否成功、有多成功，以及是否出现延迟甚至受到限制。儿童发展的质量也体现在特定的行为和身体语言表达模式上。人类发展以危机为条件的事实同时证明：人们只有在需要将行为模式和身体语言表达行为作为危机表现形式的压力情境中，才能真正对其进行认识和评估。全面的身体解读永远不可能脱离危机或压力。

基本信任对基本不信任

从在母亲子宫内直至出生后三个月，孩子如果遭到母亲或所处环境的拒绝，出于对母亲的依赖，会在出生后的一段时期内感到一种威胁。这种拒绝会让孩子体验到一种深刻的内在情绪，即不被渴求，没有"存在的权利"。拒绝和否认可以通过多种方式表达，如惊吓、震惊、远离、冷眼相对等。婴儿因此会将体验和注意力转向内部世界，切断与母亲和外部世界的联系。这种心理保护机制会阻碍威胁性信号（即拒绝和否定）的进一步渗透。

这种婴儿时期的经历会在随后的成人生活中通过典型的行为和反应模式在身体层面表现出来。尤其是当他处于压力下时，他的动作可能显得机械、不和谐、不连贯，其声音单调冷淡，并且目光游离，无法与他人维持眼神交流。人们会感到此人行为举止不自然，不能游刃有余地驾驭身体，甚至具有某种程度的社交障碍。

反之，通过与母亲（或第一个接触对象）的良性亲密接触，孩子可以体验到基本信任。这对于获得"被这个世界接纳欢迎"的情感体验，以及获得人际关系和身体发展的安全感至关重要。

此外，有两种能力从婴儿出生开始便相辅相成，即婴儿与生俱来的用嘴进食的能力与母亲的哺乳能力。正是在吸吮乳汁的过程中，人类学会了调整呼吸和对机体内部的循环施加影响。婴儿通过吸吮来接触外部世界。由此，嘴便成为其生命中的第一个接收渠道。从一开始，婴儿接收信息的能力便是多面发展的，因而他需要让不同的感觉器官接受不同的刺激。感官需求的满足要通过母亲的哺育、亲密关爱、温馨话语、目光接触等来实现。如果这个发展步骤进展顺利，婴儿便会建立基本信任（即可以将自己托付给他人的信任感），并且在互动沟通中得到回应的安全感。

基本信任还来自对感官知觉的信赖和对周围环境的直觉经验。基本信任对于培养良好的身体感受至关重要，因为在所有社会文化中，它都是在"母子二分体"的血缘联系中形成和得到保证的。（"母亲"不仅仅指生母，也指这一阶段对应的直接关系人。）在该阶段中，婴儿因天生的性情得到激发和促进而能够信赖这种无意识的内在能量驱动。

如果孩子在某个层面得到的关怀不完整，则可以通过另一个层面获得补偿。比如当孩子需要进食时，母亲虽然没有哺乳，但可以通过搂抱来给予他另一种形式的关爱。

当孩子开始长牙后，咀嚼的欲望逐渐形成，眼睛与耳朵的分辨能力也在同时发展，其注意力开始集中在特定事物上。这时，孩子已能够控制自己的手臂和手，完成抓取东西的动作。与这一发展过程相呼应，母亲（似乎）不再将注意力完全放在孩子身上。于是，孩子开始慢慢发展对自身作为个体的意识和对自己所处环境的感知。

在此期间，婴儿学会了通过嘴部表达各种需求，并且尝试克服各种生存"危机"。他学会了区分吸食和咀嚼。咀嚼有可能导致母亲胸部不适而使她放弃母乳喂养。婴儿由此学习体验失望、分离和被遗弃等情感。这些如果发生在稳定的母子二分体关系中，将不会导致基本信任的丧失。孩子因此认识到"要学会了解自己，了解自己身体器官的能力和驱动力"（Erikson，1974）。

这对每个人来说都是一个痛苦而不可避免的过程。在这一过程中，婴儿不再仅仅因为处于对妈妈的信任中而对距离感或分离感产生恐慌，而是开始对这些体验产生主观感知，并对其施加影响。

例如，晚上，有些母亲将婴儿或者小孩子抱到床上后，会马上关上房门去忙其他事情。尽管孩子因为怕黑开始哭泣，母亲依旧忙自己的事，没有进屋对孩子进行照看。这时，孩子没有感受到（自我）信任。于是，一到晚上，这个孩子便会产生这种对黑暗和孤寂的恐惧情绪。也就是说，基本信任没有形成，取而代之的是基本不信任。

反之，如果母亲在听到孩子的啼哭声时回到床前进行抚慰，基本信任则会顺理成章地形成。

基本信任或基本不信任将伴随人的整个成长过程，决定其在各个发展阶段的表现。或许这种体验的影响并不是在各个阶段都很明显，却会在困境和压力下暴露无遗。有时当事人并未对此察觉，旁观者却可以体会到其中的蹊跷。

这时，孩子已经处在发展的第一阶段（基本信任对基本不信任）向第二阶段（独立自主对羞耻、怀疑）过渡时期的典型矛盾之中了。

在随后的成人生活中，人们会逐渐具备在交流过程中通过感知和衡量自身、他人和环境的需求来合理调节与他人之间距离的能力。这种调节主要是以非语言的形式完成的。距离远近的调节方式在个体身上表现得十分多样，比如目光接触、身体动作，或直接的身体接触行为。对此进行观察对于了解他人的行为模式至关重要。

可以说，孩子首先通过身体体验和了解各种身体需求的存在，如饥饿、温暖、接触等。接下来，孩子将学习如何对身体施加影响，以便满足自己的需求。这无疑是其成长过程中的关键一步——将身体需求的满足与自我体验的初步形成联系起来。

这一体验过程如果不顺利，孩子便会继续停留在依赖他人的弱势位置。他的身体在承压状态下会表现得比较脆弱，缺乏持续抵抗压力的结构性和稳定性。由于整体能量水平偏低，他的身体甚至有可能在压力下崩溃。这时，孩子可能会露出祈求的目光，或是灿烂的微笑，试图向母亲传达"寻找能量"的愿望，以便自己能够变强。

独立自主对羞耻、怀疑

生命的第一年结束后，孩子将不再完全依赖他人。孩子下一阶段的重点任务是"肌肉系统的继续发育，以及培养完成一系列高度复杂动作的能力，例如抓牢和释放两种动作的协调。虽然对他人的依赖程度仍然很高，但孩子开始更加重视自己的主观意愿"（Erikson，1974）。孩子开始学着依据自己的兴趣和意愿做出行为，从而使社会环境或多或少地服务于自身。此前，孩子一直是被给予的对象，他所做的仅仅是被动接受；现在他开始进行主动给予——这是孩子独立"做"的第一件事，是他取得的第一个成绩。对于孩子身心的健康发展，尤其是身体与功能的发育而言，母亲认识并肯定其取得的进步的程度至关重要。这个阶段以独立自主与羞耻、怀疑之间的对抗为主要特征。

尤其是随着肛门部位的机能发展，孩子体会到了相互对立的形态动作间的协调，如扩张与收缩，并且在这个过程中产生了良好的自我感觉。孩子也会通过其他部位的肌肉活动学习和体验这一点。肌肉系统的成熟让孩子可以尝试两项活动的平行开展：调节自己的身体功能和向外界表达自己的意愿。也就是说，其身体语言的表达行为越来越细分化、复杂化、个性化，从而使他能够进行多层面的自我体验和自我表达。在随后的成人生活中，这种身体语言表达形式便构成了日常生活中的非语言沟通。

> 在人际交往中，通过身体表达自己能够使明确自我立场的能力得到发展。独立自主的性格也能由身体表达出来，并被他人感知。通过身体表达出的自立自强可以保护自己不沦为羞耻感的牺牲品。

第四章　身心发展结构模型

孩子会在这个时期学习如何与他人及所处环境划分界线，进行自我主观判断。孩子常常借助一种执拗（也会通过身体表达出来）的坚定拒绝来表达对独立和倾听的需求。当这种努力和表达不被父母尊重并受到他们的压制时，孩子会勉强屈从，并且开始在身体上克制自己的感受，减少或放弃自我表达。

这尤其会给孩子带来身体上的压力。他会做出各种努力，希望改变现状，赢得独立。如果在这一过程中，孩子并没有赢得某种意义上的自我人格的强化，在成年后面对压力时，他会表现得更加保守和克制（尤其是肩-颈-骨盆部位）：他的肌肉时常处于紧绷状态，好像受到挤压一般。因呼吸受到克制，他的声音可能显得忧伤。他给人留下的基本印象是身体状态不佳、过度劳累、压力太大等——总之是一副苦相。他的动作也相对迟钝、犹豫。虽然他看上去总是一副竭力挣扎的样子，但像他这类人的抗压能力比其他人更持久——这是长期训练的结果。

主动性对内疚感

在发育过程的第三阶段，孩子具备了自由活动的能力。孩子已能够站立行走，并愿意与成年人一拼高低。他开始学会与他人进行比较，同时产生了对新事物的渴求。孩子开始打量自己未来的角色，或者尝试寻找未来值得模仿的对象。他不再满足于仅仅简单地动一动，而是想进行强劲有力的活动。这就拓展了他活动区域的广度。此外，孩子的语言能力也在这一阶段得到快速发展。在语言能力发展与运动自由度提升的共同作用下，孩子的想象能力不断提高——当然，身体对世界的探索程度同样得到拓展。这个探索世界的过程有个体差异，也有性别差异。

这段时期，孩子的主要兴趣和关注点在于性别与生殖器官。孩子由此进入了一个更广阔的认知世界。在这一过程中，如果孩子的好奇心和行为活动被压制或否定，他就会产生罪恶感；反之，他就能够更好地掌控身体的运动系统。他会天真地认为自己的身体能力已经与父母不分上下，并因此而深感自豪。

这一阶段也是"恋母或恋父情结"的产生时期。孩子会对双亲中同性的一方抱有排斥感，对异性的一方抱有某种性幻想。而孩子对一方的排斥情绪会和其他感情发生冲撞。"一方面，不被喜爱的父亲会因多种积极特质令儿子仰慕；另一方面，父亲作为成年人比儿子强大得多——这种不平衡感会增加孩子的厌恶情绪，甚至使孩子采取某种报复行为。"（Klüwer，1970）

孩子独立人格发展的基础是"排斥他人"和愈加强烈的权力欲望。这不仅体现在家庭环境中，也体现在更为广阔的社会环境中。当然，这也将导致害怕和内疚情绪，尤其是在孩子与父母的关系仍处于发展过程中时。孩子将学着去面对行为遭到禁止、批评、限制和强求的情况，这也促进了其良知的建立。良知的形成是孩子个性发展过程中不可或缺的一部分，覆盖方方面面，也包括身体表达行为。

例如，小孩子通过声音以及身体上的表现传达出对父母的反感，但他的面部可能仍流露出悲伤的神情。如果孩子同时直接地表露两种表达信号，说明孩子身上存在不相容的特征，或说明他尚无能力释放两个层面之间的压力。培养孩子良好处理内在不同情绪的能力可以帮助其发展独立人格。

如果是成人在两个层面上展现出不同的表达行为，则与上述情况有所不同。我们需要客观地观察，从而充分考虑其身体各个层面的影响因素。对于成人而言，两个层面之间的相互作用自然也会通过主体的感知和评估而获得某种含义。成人可能会有意掩盖、否认或抑制其不想表露的一面。

当面对压力时，孩子可能会通过身体语言进行表达。小孩子有时不愿意接受自己内心的渺小感、无助感和对亲密接触的渴望。这样做常常会让他产生自己具有高大形象的幻想，并尝试通过小把戏"操纵"父母。这样的孩子在成年后可能会出现以下抗压表现：注意力看上去似乎集中在身体上部（躯干和头部区域），将行为主动性表达为身体趋向前方。此外，这种人喜欢做长久打算，并且偏强势。其目光可能显得警惕、多疑，或具有诱导、蛊惑的意味。其声音可能强大坚定甚至"猛烈"，或柔软、温和而诱人。他似乎能够在人际交往中马上调动能量"主动出击"，从而吸引注意力或者使自己占据主导地位——而对方往往无法抗拒这股能量。

成就感对自卑感

孩子发展的第四个阶段的主要特征是成就感与自卑感之间的对抗。埃里克森对成就感的描述是"觉得自己有用并且有能力完成任务,能够做得很出色甚至完美"(Erikson,1974)。埃里克森描述说,在这一阶段的"潜伏期"中,"正常发育的孩子遗忘了通过主动出击来征服人类世界的欲望,放弃了达到与爸爸或妈妈同等地位的愿望。更确切地说,孩子升华了这种愿望"(Erikson,1974)。孩子学会了通过创造工作成果来获取认可,产生了通过坚持不懈的努力完成一件事情的欲望。如果孩子的这种心愿和努力不被肯定,则会令他产生挫败感和自卑感,并对他日后的身心成长造成阴影。

> 直到第四个阶段的潜伏期,孩子才学会区分和协调不同动作,以及保持身体(包括性器官)的收与张。同时,他开始将注意力转移到社会的人际交往中,并根据自己的需求进行身体调适。

在身体表达和身体语言层面上,孩子开始学着更为灵活、连续和协调地进行反应和表达。他对身体张力的产生、建立、储备、聚集及其在行为过程中的释放和融合有着不同的体验,并学会了利用它们。

孩子感到充满活力,感到能量均衡地分布在全身。在游戏过程中,他全神贯注,乐在其中。他可以轻松自如地完成运动和手势,但在压力下会表现出动作协调性和连贯性的下降。如果孩子受到来自成人的过多控制,会逐渐内敛起来,给人以距离感甚至高傲感。长大后,此人也许会表现得雄心勃勃,目标明确,在与人交往的过程中也十分自信;然而,他会给人留下"对人和事心不在焉"的印象,尤其是在他面对压力时。

身体语言与个体经历

身体语言是对个性的表达,它映射出每个人的成长经历。从这个角度出发,一切身体语言都具有特殊意义,一旦它固定下来成为人生观、价值观的体现,就可以透露有关成长经历、人际关系、挫折打击和生存法则的重要信息。

> 身体的每一种生理表达都具有意义。这种表达固定后便成了一种习惯。它叙述着一个人的过去、他遇到的人和事,以及他的生存方式。

身体表达体现出人的世界观、处事方式和性格特点。每个人都"储备"着一套属于自己的行为举止模式,并以之作为行动参考和指南。通过对这套常规行为方式的熟知和辨认,我们可以更好地理解他人的习惯秉性,并在非语言层面上做出有效回应。

第四章 身心发展结构模型

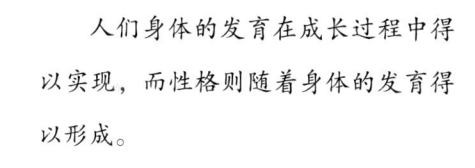

> 人们身体的发育在成长过程中得以实现，而性格则随着身体的发育得以形成。

心理分析和身心治疗体系，尤其是莱希治疗法，将人的性格划分成不同类型。其意义并非对人进行一对一的归类，而是帮助人们从不同角度揣摩他人的思维和行为模式。每个人人生经历的多样性和由此形成的身体行为模式差异是其性格结构的重要组成部分。它们通过身体的形态和运动的方式得以体现。身体行为模式一旦形成，将基本保持稳定，对外界影响具有较强的抵抗力。"人体的能量、肌肉张力和性格特点紧密相连，因为人的性格控制着整个机体能量的收放和强度。只有在考虑到性格结构这一概念的前提下，我们才有可能充分了解一个人的能量动态。"（Lowen，1988）

基于莱希针对一切生物体提出的"共性和个性在生命活动中共存"理论，鲁宏提出：个性在身体、情感、精神和行为的共同作用下得以体现，而性格品质则集中反映在身体的结构和运动能力中。身体功能和个性表达会同样作用于感觉、思想、行为、想象、世界观等各个方面。身体的活动方式、动作强度和敏感度因人而异。身心治疗理论认为，人的情感情绪、人生观和行为方式决定和体现了其身体能量的存储、消耗及身体感知。

莱希在解释这一现象时提到了大气中的生命元素的原子，鲁宏则称其为生命能量。我们也许可以将其概括为由身体本身产生的出于自我表达的冲动。这种冲动影响着人的体验、思维及行为举止。

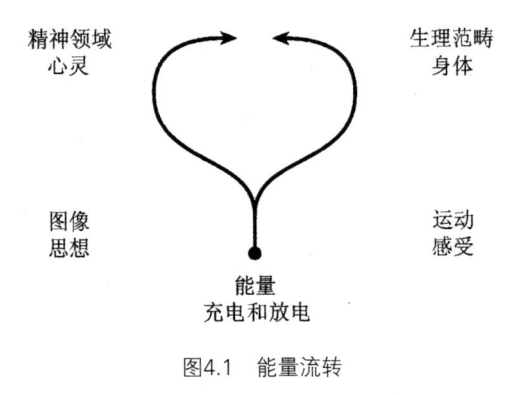

精神领域　　　　　　　　生理范畴
心灵　　　　　　　　　　身体

图像　　　　　　　　　　运动
思想　　　　　　　　　　感受

能量
充电和放电

图4.1　能量流转

第四章　身心发展结构模型

> 如果用生气或者伤心来描述一个人的情绪，那么这仅仅是从质的层面进行的描述。当这种描述上升到程度或量的层面时，其传达出的信息则包括生气或者伤心的深度、强度，以及外在表现。

如果用生气或者伤心对一个人的情绪加以描述，那么这种质的描述仅仅局限于一种心情。要知道，每个人在不同情境下对同一种心情的体验都不同。当这种描述上升到程度或量的层面时，便可以对如下问题进行解答：究竟是哪种生气或者高兴？其程度如何？外在表现是否明显？这种表现持续了多久，是否平稳？情绪通过哪些身体器官表现？这些都是感觉与身体融合的表现。

尽管我们人类具备相同的基本身体结构，都用两条腿行走，用两只手取物，然而，每个人身体表达的方式和通过身体表达所要达到的目的却因生活经历的不同而有所不同。个体身体表达的方式总能映射出其与生俱来的身体结构和自然秉性。或许有些人天生精神能量就比其他人饱满，有些人更善于积蓄和分配能量。这些差异并不会阻碍我们掌握属于自己的一套与他人共同生存的能力——其中包括对现实的感知功能和能量再生功能。前者指人与周边现实世界建立联系从而得以立足的能力；后者则指通过呼吸和能量的产生、储存及释放而重获活力，从而进一步发展体验、了解、脱离和拥抱外部世界的能力。

在这个过程中，个体与他人进行接触、交流，与他人建立、结束和修复关系，并在与恋爱伴侣的关系中获取人际交往的终极满足。

身体能量的产生是唤起身体内部能量的过程，其表现形式来源于各个生命阶段的体验。呼吸在这个过程中起到了中心作用，与肌肉收张和人的情感世界紧密相连。情绪状态的波动会导致呼吸的改变，反之亦然。

每个人在成长过程中会受到特定的人和事或是其他特别因素的影响，进而体验到能量产生的形式和作用。这种能量可以是自我表达的方式，并会作用于与他人的交往中。作为能量获取的主要途径，每个人在不同环境中通过呼吸和肌肉作用进行能量生成的过程从未停止。这个过程与每个人身体的活力水平和敏感度存在着复杂的关联。

鲁宏对这个现象做出了如下概括：能量通过运动得以体现，情感状态直接影响行为举止。人在自我表达中体验独特的自我和个性。能量和自我表达的循环作用使人们得以寻求自己的人格，获取对生命的认知。

人的社会性决定了人要在与周边环境的紧密接触中建立人格，获取自我认知。人自出生之日起就存在于社会环境中，并且

第四章 身心发展结构模型

具备了运转机体能量的先天条件。婴儿对其身体动作的感受是模糊而零散的，他的一举一动会在与父母的朝夕相处中获得（以非语言为主的）反馈，并在这一过程中增强其身体感知力和动作协调性。这种父母与孩子之间最初的对话就是儿童身体的外在表现和父母对此做出的反应。在这一时期，儿童的行为模式、情感感知及习惯动作（包括体态、活动姿势、表情、呼吸、声音等）也开始逐渐形成。

从社会心理学角度出发，人的非语言沟通主要包含三种自我表达的功能：

（1）随着性格、身体、情绪和人生观意识的形成，力求保持自我与自己的身体及客观现实的关系。（背景下的个性）

（2）在与他人进行接触、交流的过程中，尝试建立与所在环境相符的人生观和价值观，在"想"与"应该"之间做出抉择和平衡。因此，他人的想法、感受和行为对于个体至关重要。（关系和角色）

（3）进行自我表达，通过行为举止、立场选择和身体表达互动等方式，使别人清楚自己的内心感受和对所扮演角色的理解。（行动者）

那么这些功能的效果到底如何呢？这需要对诸多因素进行综合考虑，如先天生理条件、心理素质的培养和自我定义的形成、所处社会条件、与他人的交往，以及生性、脾气、秉性（在母亲子宫中就已形成）等。

儿童对不同事物兴趣的起伏，以及在实践过程中满足感和受挫感的交替产生，是促使其个性形成的发动机。身体需求的满足可以帮助儿童在与母亲的紧密接触和交流中学会体验不同性质的身体需求。这种在母亲和孩子间形成的无形互动，以及这种身体表达与反馈的过程对于孩子的身体语言乃至人格的发展都具有重要意义，为他提供了最初的社会性体验。母亲不仅通过乳汁为孩子输送营养，还在这一过程中从某种意义上向孩子诠释了社会的意义。孩子逐渐将身体需求理解为与自己身份相符、与外部环境相符的感知体验。孩子与母亲进行互动及建立关系是出于其身体的唤起，是为了满足其身体需求。

洛伦茨（1970）认为，身体需求总是存在于特定关系中。孩子的精神世界、社会属性和身体感知在与母亲的沟通中形成。他首先学到的是如何在现实世界中生存；随着时间的推移，他会学到该如何影响现实世界。例如，婴儿在对母亲发出咯咯的笑声时，得到的反馈是母亲的微笑。在这个过程中他体验到微笑可以表达内心的喜悦感受，并且会进一步认识到对他人微笑能够促进人际交往，能让他更好地在社会中生存。

第四章　身心发展结构模型

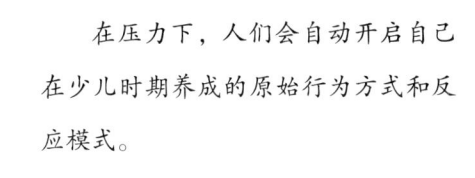

> 在压力下，人们会自动开启自己在少儿时期养成的原始行为方式和反应模式。

对于在工作中接触身体语言和非语言沟通的人们来说，人类在面对压力、危机和冲突时的无意识的"原形毕露"是一个值得关注的现象。这可以被视为生存机制模式在现代人身上的最好体现。之所以说这值得关注，是因为人们在压力面前无法再控制掩盖身体语言，到了这个时刻，每个人独特的身体表达形式的含义便显而易见了。这种表达形式是固定的行为模式，体现着属于每个人的过去，比如挫折、矛盾、人际交往经历，以及生活中的自救策略。总之，这体现了人们是如何在不同情况中将身体语言派上用场的。

回想你经历某种压力或紧张情绪时的情形，比如参加工作面试、重要考试或者第一次抚摸自己爱人的身体。在目光交流、肢体接触时，你一定有过短暂的不自然、不真实的感受，并在内心不禁惊叹道：我平时不是这样的啊！这类身体表达并非偶然现象，它们具备特别的含义。通常，当人们的能量和活力锐减时，握手也会变得软弱无力；而当人们超越自己，勉强使身体表现出另一副模样时，握手的力度会倍增，甚至带有一种占有欲，使对方感到不适。

大多数情况下，人们对于这种身体语言是有感知的，同时会下意识地对其加以解释，使其在非语言沟通中获得特定的含义。

下面的表格汇总了不同身体部位在实际交流中发挥的功效。这种对人类发展过程的解析早在莱希的身心治疗过程中就得到了认同和运用。

我曾经在《用身体进行管理》（Sollmann，1997）中基于鲁宏的理论介绍了压力下不同人格个体的身体行为表现。鲁宏选用的词汇主要来源于病态心理治疗，而我选择的描述性词汇则倾向于映射出不同类型人格个体的行为能力，即强调其积极的一面，而不是心理疾病。因此，我将具有分裂型人格的个体称为"分析者"，将具有口欲型人格的个体称为"交际者"。同理，反社会型人格对应"实干者"，受虐型人格对应"可靠者"，僵滞型人格对应"成功者"。

第四章 身心发展结构模型

表4.1 不同类型个体的身份识别——身体表现

类型	能量流动	身体的"救生圈"	身体 目光	声音	运动或效应
分析者	· 核心能量冻结 · 爆炸性能量负荷 · 潜伏的	保护自己免于感性	· 空洞的 · 并非真正有意寻求眼神交流 · 眼周肌肉紧绷 · 目光被紧锁	· 机械性的 · 毫无兴致的 · 困惑的 · 语无伦次 · 时而发出"魔鬼般"的笑声	· 机械性的 · 不连贯的 · 不和谐的 · 单侧运动的
交际者	· 能量储备偏少 · 迅速释放型 · 能量低	下意识地不做出过多的奋并	· 带有疑问的 · 请求的 · 不信任的 · 微弱的	· 微弱的 · 悲伤的 · 天真的	· 崩溃的 · 被战胜的 · 表失能量的 · 疲劳的
实干者	· 能量聚集于上肢 · 下肢能量过少	自我驾驭	· 警觉的 · 怀疑的 · 时而尖锐、时而温和 · 有诱惑力的	· 温柔的 · 舒服的 · 有诱惑力的 · 时而微弱,时而坚定有力 · 语速很快	· 气势汹汹的 · 固怒的 · 有诱惑力的
可靠者	能量满载,但固定、不流动	对外封锁自己	· 温柔的 · 悲伤的 · 痛苦的	· 诉告的 · 令人不解的	· 费力的 · 气候的 · 缓慢的 · 谨慎的 · 经常中断的
成功者	· 良好能量储备 · 无自发性能量流动	抵抗过多的柔情	· 明亮清澈的 · 充满好奇的	· 具有充分表现力的 · 能够快速、清晰地表达	· 坚定的 · 精力充沛的 · 迅速的 · 温柔随和的 · 令人着迷的

133

表4.2 不同类型个体的身份识别——体验

类型	中心（生活）冲突	核心信念	防御机制	生活观	自画像或个人生活哲学
分析者	信任对不信任	我自己有问题	我孤立自己	如果我没有需求，就能够生存（保持孤立）	我的精神世界就是我的本质
交际者	独立对需求	没人会陪伴我	我是无助的，不能承担任何责任	如果我太过独立，生存需求（总是依赖他人）	我不能一个人生活
实干者	自主积极法对罪恶感	·没有什么能够强迫我 ·不要靠我太近	为了塑造自己，寻找机会	如果我不放弃控制，就能够独立（无法进入亲密的关系中）	生活取决于自我意志
可靠者	工作能力对罪恶感	·我不够好 ·我把所有的事情都做错了 ·我毫无希望	我不再表达我的感受和观点	如果我放弃自由，就能与人亲近（为了得到亲密，总是卑躬屈膝）	我必须感到惬意
成功者	自我认同对表失自我	·没有人能理解我 ·我必须为了生活努力工作 ·我总是有要做的事情	我不会为了爱和温柔冒险	如果我舍下期望，就会很自由（不能打开心扉）	我必须是个好榜样

134

第四章 身心发展结构模型

表4.3 不同类型个体的身份识别——处事方式

类型	基本长处	攻击性行为	代偿行为	执行力	工作表现	面对上级的表现
分析者	·理论化分析式思维 ·想象力	·自我封闭 ·为了生存能够迁就	我要威胁并恐吓其他人	独自埋头苦干	拖延	向上级询问交付任务的时间
交际者	·充分利用各项资源 ·批判性思维	极少	我要向所有人说不，让他们因得不到而心痒	容易崩溃	临阵逃脱	向上级寻求支持
实干者	·足智多谋 ·生产力高 ·积极主动	·较多 ·常常不被察觉	我要限制其他所有人	为达到目的不惜一切代价	干劲十足	使上级显得多余
可靠者	·忠诚 ·耐久 ·不易受外界影响	·较少 ·无法随机应变	我要让其他所有人都显得卑微可笑	全力以赴	拼尽全力	对上级毕恭毕敬
成功者	·充满活力 ·有吸引力 ·有艺术才能 ·忠诚 ·耐久	坚决不向"内心感受"妥协	我先拒绝人心，再和他们保持距离	做出超出百分之百的努力	一切靠自己	与上级保持相互尊重的平等关系

135

表4.4 不同类型个体的身份识别——领导行为

类型	领导行为	交往策略	心智	人际关系中的问题	典型隐藏特征	强项或潜能
分析者	孤军奋战	·不甚注重理解 ·活在自己的世界里	像玩填字游戏一样分析解决复杂问题	认为自己无法与他人建立紧密联系	梦想并努力得到他人的信任	·创造力 ·主动感知 ·精神力量 ·艺术性表达 ·生存能力
交际者	倚重沟通	·渴求接近 ·需要时间	综合考虑各方面因素和需求	认为自己得不到他人的赞识	疑问繁多	·对科学的求知欲 ·逻辑性 ·细致 ·创造力 ·过于追求精准 ·争强好胜
实干者	执行力强	·保持距离 ·只有在需要时才与人接触	·每个问题都能迎刃而解 ·行动迅速	认为他人不值得信赖	奋力挣扎	·探险精神 ·危机处理 ·成功楷模 ·勇气 ·执行力
可靠者	可信赖	·缓慢恐意 ·有压迫感	遇到问题三思而后行	认为他人会因为自己的失误或推卸责任而不满	想和他做的超出责任范围	·贴心 ·忠诚可靠 ·耐心与热情 ·执着 ·机智
成功者	·重视合作 ·距离尺度拿捏得当	暗自盘算如何对自己有利	解决问题不费吹灰之力	·担心自己过度需要他人关注 ·担心自己会给人过于信赖、冷漠的印象	以微妙、间接的方式吸引他人	·注重结果 ·喜欢冒险 ·能力超群 ·雄心勃勃 ·坚持不懈

第四章 身心发展结构模型

表4.5 不同类型个体的身份识别——面对压力的表现

类型	对任何事反应敏感	压力或危机下的行为	恐惧感的来源	抗压行为模式	抗压策略
分析者	• 信息负荷 • 被打断 • 在社会交往中与他人亲近	压抑冲动	• 我变得无关紧要 • 他人威胁到我的生命需要	• 观望 • 退缩	• 逃跑 • 自我封闭 • 彻底分析
交际者	• 孤独 • 被排挤而受挫 • 自己的能力和专长	寻求帮助	• 别人无法给予我需要的东西 • 我觉得很孤单,甚至被遗弃	逃跑	寻找替代途径 (获取帮助)
实干者	• 依赖他人 • 因挑衅而受挫 • 平等 • 功绩	独立自主和运用自己的力量	• 屈服、顺从于他人 • 他人会限制我的生活空间和活动范围	• 自卫 • 献身	放弃替代途径 (通过操纵)
可靠者	• 被推动 • 被紧迫 • 被喜爱 • 承担责任	等待和犹豫	• 被他人胁迫 • 自责和羞愧感	斥责一切	• 等待 • 迟疑
成功者	• 不知足 • 需求得不到满足 • 对真诚的需求 • 被拒绝 • 不被倾听和理解	集中注意力并更加拼搏	• 疼痛、生病及受伤 • 当我想给予他人爱和温柔时,他会离开我	强迫自己和他人	• 速战速决 • 逃脱

137

案例4
王菲：透明的谜

媒体眼中的王菲是个万人迷，似乎也是一个无人能够解读的谜。

在我收集到的影像资料中，一段她和她前夫的采访画面令我难忘。她身着一袭黑装，头发卷曲散乱，楚楚动人却给人以遥不可及之感。这种在意大利、法国或是南美洲女性身上散发出的神秘气质本不属于东方女性。

在采访过程中，她的坐姿有别于常人，不是挺直腰板，而是身体微微向前蜷曲。大多数时间里，她将双手压在大腿下方，以使身体固定在座位上。显然，她有时想变换姿态，却有意克制着这种冲动。她极力控制自己的身体，这恰好映射出其内在强烈的情感表达冲动。她俨然早已习惯了这种克制。当她发表言论时，会紧扣牙齿，先将头略略抬起，似乎在寻找合适的词语。

她的面部表情比较平静，没有特别之处。当她前夫讲话时，她的目光经常游离于四周，似乎她此时此刻并不在现场，她偶尔会歪头看他几眼。她看上去有些心不在焉，好像脑子里在想别的事情。只有她讲话时的坚定声音才使人相信她此时此刻确实在接受采访。

王菲努力掩盖内心深层的感受。她努力使自己牢坐在椅子上，并尽量减少上肢动作。从影像中我们可以轻易看出她有很强的表达欲望，然而又隐约有一丝惆怅，如同披着一块面纱，充满神秘，使人不敢靠近。

王菲在采访过程中多次做出咽口水的动作。她盯着地面，双唇不时微微颤动，似乎在表示对其前夫言语的反对。众所周知，她的感情生活如同过山车一样起起伏伏。这使她始终是媒体关注的焦点。而她对媒体提问的反应则多为回避或简短的回答。这种一贯的生硬冷漠的态度使她显得更加扑朔迷离。令媒体不解的是，王菲的这种冷冰冰的态度反而为其赢得了歌迷的追捧。

媒体的另外一个疑问与王菲的个性有关。通过对她身体语言的分析，我可以得出如下结论：她似乎在小时候就有过不被生活接纳的经历。但她最终找到了适合自己的生存法则，发展了独特的个性，并且在事业上获得了巨大成功。即便她缺乏一定的亲和力，举止略显生硬，但她的不拘一格和独立自主却由此充分得以表露，紧紧抓住了人们的视线。人们可以做的仅仅是欣赏这种神秘的魅力——仅此而已，无须对其继续深究。

与此同时，人们似乎已经隐约体会到了王菲经历的各种情感。这些情感已然成为她生命的一部分。人们从她身上不由地感受到在自己身上无法感受到的东西，由此开始下意识地思考自己的人生，寻找问题的答案。王菲通过音乐和个人作风唤起了这种寻觅，唤起了某种希望，而非通过文字。人们从王菲身上感受到了人生冷暖，受到了触动。王菲的身体语言在无形中向大众发出了感悟人生的邀请。

她曾经在采访中将生命比喻成河流，比喻成游戏。可想而知，她在很年轻时就认识到了生活的不易和对人生进行思考的重要性。我是谁？生命的意义是什么？我在生活困境中如何能不被情绪压垮？正是这些问题给现代人造成困惑，使很多人成为脱离社会的孤独灵魂。然而这些又恰恰是我们每个人都不能逃避的问题。大众在王菲身上看到了自己，这种高度认同感反射出当今社会普遍存在的迷茫现象。

这也许就是王菲不食人间烟火的风格令人着迷的原因所在。

第五章

身体语言分析实践

> 大脑思考问题的方式遵循着眼睛观察事物的方式。

对于身体语言的探讨和研究最终要落实到实际运用中，即将人类的身体语言作为信号和信息在实际活动中加以认知、识别、理解、领会和利用。正因如此，身体语言引起了很多人的兴趣和关注，为人们开启了探索人类内心秘密之旅，让人们能够透过现象看本质。人们被好奇心所吸引，对周边人进行观察推敲——而当事人对此却一无所知。

然而，这种探秘过程是怎样的？身体语言真的如此神秘吗？

在诊断和治疗过程中加入对身体语言的分析，是一种实用、具体、有规律可循的方法，但也存在不可预期性。在下面的章节中，我将向大家介绍这种方法。许多从事治疗、咨询工作的同行将其作为无形指南运用于对他人的认识和揣测过程中，并且总能取得良好效果。我综合参考了感知、观察、理解、交流和行动，并与实际情况相结合,以便人们在日常生活中也能实践这种方法。在这个过程中,对各个环节的掌握可以加强本能感知力和判断力。

第五章 身体语言分析实践

身体语言分析的要素

以理想状态下的初次见面为例,我将从第一印象的产生开始做出介绍。我在这里提到的第一印象既包括我们通常所指的在第一次见面时产生的印象,也包括"相对第一印象",即对熟人在不同情境中所产生的新的印象——遇到这种情况时,人们会不禁问自己,这个人到底怎么了?最近发生了什么?这种相对第一印象会因情境不同而变化。

第一印象的产生其实是一个加长版的情景感知。这个过程以感觉器官的开启为前提——当事人自愿让外部刺激进入不同的感官通道,并使这些通道活跃起来。而他本身并不需要和交流对象做出即时互动或者有目的性的行为。

从原则上讲,感官的开放总是受到交流对象、当事人自身和背景的影响。产生第一印象的感知过程可以帮助人们调节心境,适应环境,将注意力集中到身体语言和非语言沟通上——对一个全新交流过程的朦胧意识由此而生。

> 如果我们完全打开感官系统，就会发现第一印象中包含大量宝贵的从感知过程中获取的信息。

感知过程的一个重要标志是其发生的相对无目的性。即便如此，这个过程最初通常发生于身体现象层面，源自对自己的内心冲动的体验。这个过程的意义在于促使人们对现象特征进行考察、权衡，并最终做出判断和诠释。因此，对它做出及时的记录是有必要的。但这种记录不必过于详尽。你应该做到的是继续跟着感觉走，尽情接受各种刺激的影响，给交流对象机会，使其以自己的语速和方式无保留地进行表达。

对身体现象的感知使人们能够观察到交流对象表达方式的另一面。

第一印象，如上文所讲，作为人际关系建立的开端和重要组成部分，在很大程度上受到情感和环境因素的影响。对于现象的感知因此也自然地扩展到反应、互动和交流层面。我在这里将反应定义为因受到某种不可名状事物的影响而产生的效应。

第五章 身体语言分析实践

> 对身体的感知和身体语言的使用
> 总会唤起观察者的一种冲动，促使其
> 做出反应，展开互动交流。

例如，你的交流对象在向你诉说他伤心的经历时，语速缓慢，在回答你的问题时也慢吞吞的，不过还不至于使人失去耐心。你可能注意到了他话语间的停顿，不过并未多想。他的话语内容、身体表达和低沉的声音似乎和谐一致，然而，你或许会在不经意间感觉到自己的腿由于不耐烦正在抖动。

交流双方常常通过身体语言进行互动。

例如，在与某人交流的过程中，你突然想也没想就站起来，打开窗户，自己却无法解释这个行为的初衷。这是因为你没有感受到身体语言的征兆。你和你的交流对象始终进行着非语言互动，你对他加之于你的紧张不安感做出了身体反应，即站起来打开窗户。或许这会使交流对象改变语速或者改变坐姿，对你所输出的非语言信号做出反应。

当这种非语言沟通传达出的信息得到了正确的理解时，交流双方的关系就会拉近。这也有助于语言交流的顺利进行。反之，如果非语言沟通中的不和谐因素过于显著，或者交流双方对非语言信号缺乏共同理解，那么语言交流的道路也会充满荆棘。

人们在起初的感知过程中还未对交流对象进行深入了解，因此会就对方的一些反复出现的行为信号做出本能的主观理解。这些信号包括和谐的身体语言，也包括身体语言表达中的不和谐因素。

例如，当某人谈论到问题的严重性时却露出一丝微笑，不和谐因素由此产生。这种非语言沟通中的不和谐因素并不能被马上理解，也不应该被鲁莽地加以解释。在交流的开始阶段，我们要做的仅仅是敞开感官大门去接收交流对象多变的表达，任其在自己身上发挥作用。

> 人们对他人的感知通道越是开放，越能倾听到来自身体和内心情感的回应。

人们对从印象中捕捉到的异常之处和精华之处加以提取，然后有意识地对自身进行主观感知。

在我的治疗咨询工作中，当我在来访者身上捕捉到和谐或者不和谐因素时，它们起初仅仅是我所观察到的现象。随着我内心的感受越发强烈，这些现象对于我来说具备了某种含义。我的观察不完全是偶然与巧合，而是一种更好地去了解他人身体语言的方式。接下来，这又将有助于我更好地去识别他人的问题，并且

第五章　身体语言分析实践

帮助他改进。

例如，当某人谈及他与上司关系良好时，却将双手紧握——这可能表明他体会到了内心的气愤。这便可以被看作不和谐因素。我会顺水推舟，问他是否有时也会对上司有所不满。接下来，我则会问他如何处理这种在与上司的关系中产生的不满情绪。

这个过程也是协调远与近的过程。为了有意识地进行感知，我需要与交流对象保持距离，但也要足够接近他，以防错过蛛丝马迹，哪怕是微弱的振动；我与自身保持一定距离也很有必要——这样才能有意识地感知内在世界。这两个距离的恰当和谐，使我能够从现象中读出含义。

在非语言沟通过程中，随着感知信息量的增加，我对来访者的印象也得到加强，越发稳定，继而产生含义。

同时，有些现象、反应或者是身体行为模式虽然不曾被我们特别感知，但在我们的潜意识中，它们似乎具备某种意义。它们的含义还在形成过程中，它们起到的作用如同指向标，为下一个过程的发展提供线索。人们会因此做出相应调整，比如特别留意一些东西而忽略其他东西。

交流对象的身体语言和表达行为被赋予了框架结构（此时只是轮廓性的）。

通常，当我们与某人接触了一段时间后，便可以借助他身体语言的特别之处和习惯性行为模式对其进行辨认，并在交流过程中做出反应。通过进一步交往，我们增加了对其过去、现在和将来的了解，进而会对其产生一种信任感。这造成的后果往往是，我们认为对某人已经"了如指掌"，而降低了感知的开放程度，只对其惯常行为模式进行关注，不再对现象、差异和情境进行感知。

> 特别是在应激的状态下，比如身处冲突或危机中，无意识的反应，如早期的经历和典型的行为模式会被激活。这便是属于个人的最佳生存模式。

这里强调的不是对身体语言含义的理解，而是个体在交流过程中与自身的和谐及与交流过程本身的契合。前者是指身体语言与言语及它们所表达含义的一致性；后者则指交流双方对情感和语义的共享和认同。

从第一印象的建立到随后发生的整个交流过程，言语、身体表达和双方的关系始终交替发挥主导作用。一般情况下，我会注意的是交流对象的言语、身体语言和内心是否一致，以及我们之间的交流是否合拍，或交流对象是否为适应背景环境进行了相应调整。也就是说，我并不力求知道有关交流对象身体表达的一切，对我而言更为重要的是他言行举止与内心的和谐程度以及我们交流的融洽度。每个交流过程都因其交流对象、环境和目的而独一无二。因此在工作中，我不仅会将当事人的行为和反应模式作为线索加以运用，也会特别关注每一个交流情境，从中提取重要信息。

当我观察他人以获取对其身体语言和行为模式的印象时，最初看到的仅是如同地图一样的大致轮廓。随着观察的深入，我看到了河流、山脉、草地、村庄、城市等细节。有了这张地图，我开始了我的探索之旅。随着更多细微处和差异处的出现，我越发自信地继续我的探索之旅。

好奇心总能使我从身体语言中发现"新大陆"，从而获取更多关于交流者的信息，尤其是那些他也许不愿透露的信息。学习了解身体语言地图的过程，是一个不断接受新的启发、提出新的问题、做出新的假设和检验的过程，其最终目的是获得确定的答案。

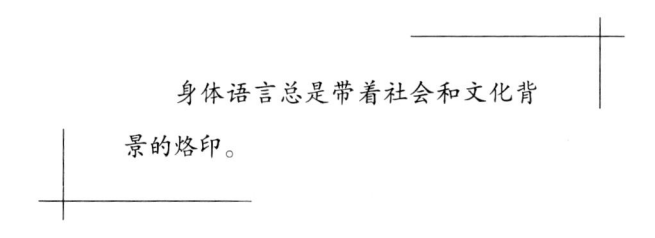

> 身体语言总是带着社会和文化背景的烙印。

身体语言和非语言沟通的意义总是受特定环境的影响。交流环境受社会框架、地点、空间和交流对象等因素影响。

我和我的交流对象总是处于某种特殊的角色关系中。他可以是我的客户或者患者，我是他的顾问或治疗师。有时我作为身体语言专家为媒体进行专业分析。当我的交流对象是我的朋友或家人时，我不会就我从事的领域做过多交流。毕竟，我不想在私人生活中随时随地带着职业眼光。

交流的目的由交流环境和交流对象决定，对交流的过程起关键作用。在我的工作中，来访者会出于不同的目的提出各种疑问。比如，有些人会为达到某个特定目标前来咨询，表示希望得到直言不讳的反馈和建议。我会观察他的身体语言与言语是否发出一致的信号。如果他的身体表示出抗拒的态度，我又该如何调整我的反馈？我会通过我的疑问确定交流的发展方向。

背景、角色和需求为非语言沟通明确了基本方向和属性，其作用不可或缺。

第五章 身体语言分析实践

身体语言的阅读过程

身体语言的阅读过程是非语言沟通的重要组成部分,这个过程在很大程度上决定着信息的传达质量和性质,因此我们有必要对其进行详细解析。下面我将通过对几个重要步骤的描述来阐述我自己如何在工作中找到了解来访者身体语言的方法。

当然我下面所列举的仅是代表性实例。每个人要根据自己的学术背景、交流目的和自己的性格、偏好做出适当调整,以便找到最佳方法。

为了配合本书的主题,向读者介绍如何将理论运用到实际中,在下文选择的实例中,我都没有将自己作为身体语言的主要行为者。

> 空间环境直接作用于身体语言。对我们来说，尤为重要的是留意对方对空间环境做出何种反应，以及空间环境是否造成了他身体语言上的变化。

我本人喜欢在房间中设置座椅（如下图所示）。这样有利于交流过程中动作的发生。

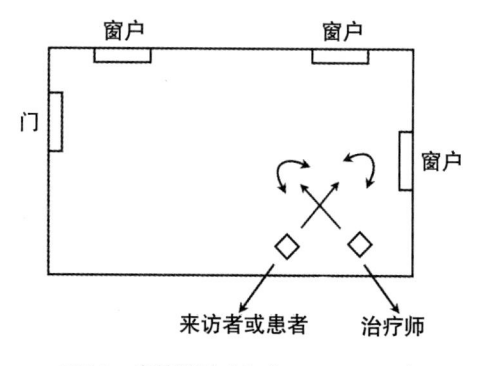

图5.1 座椅设置（Sollmann，1993）

我与交流对象的座位正好形成一个90度夹角。我们既可以直视对方，也可以灵活地环视所处空间。椅子的位置可以使来访者两者兼顾。当然，他必须保持一定的肌肉张力，以控制坐姿、头

第五章 身体语言分析实践

部位置和眼神交流（或者让眼神停留在空间的某个位置上）。来访者由此可以在与我的交流过程中集中注意力，同时保持对我们之间身体语言沟通的专注。

在整个交流过程中，来访者会根据情感状态瞬间决定如何进行身体表达。这通常是无意识状态下的自然表露，比如他如何调整坐姿、他的眼神聚焦何处、他是否直视我等。通过对这些的观察我可以了解来访者言语背后的真实心境和真实思想。在观察中我会思考如下问题：

➢ 他的身体活动是过多的还是过少的？
➢ 他和我如何建立目光交流？
➢ 他的身体动作、头部姿势及眼神交流的性质和强度如何？
➢ 他的身体表达与言语是否存在习惯性联系？
➢ 他何时会出现停顿？这是否和他特别的身体表达模式相关？
➢ 他的身体对于空间环境是否做出了特别的（重复性的）反应？

在咨询或者治疗背景下，人们的情绪通常比平日更激动，更容易出现起伏。这可能是精神高度集中造成的，也可能是由于时间紧迫感、对于治疗的急于求成，或者咨访关系的特殊意义。这些因素造成的压力可以推动来访者下意识地做出冲动的情感表达，从而启动个人特有的身体行为模式。

我开始从事身心治疗工作时才三十岁出头。一次，一位五十几岁的女性来访者如约来到诊所后，将我从头到脚打量一番，随即说道："你简直可以做我儿子了！"如我所料，在那一次谈话后她便没有再来。这个例子反映出，诸多框架因素，如诊室布局、治疗师年龄等，都可能对咨访关系产生重要影响。

  在与来访者的第一次会谈中，治疗师往往会对自己从事的专业领域和采用的治疗方法进行介绍。有些治疗师喜欢主动提供信息；有些则相对持保留态度，而向对方提出较多问题。在这个过程中，治疗师会对来访者的生活经历、来访主题及相关信息进行概括性搜集。除此之外，治疗师也通过面对面的交流，建立对来访者生动的初步印象。这个谈话过程本身就是关系建立的初始阶段，其主要表现为多层次的、高敏感度的，且通常是下意识的互动反馈。在大多数情况下，这次谈话内容带有很强的目的性，以便于治疗师明确来访者的需求，并与来访者就咨访活动的展开达成共识。

第五章 身体语言分析实践

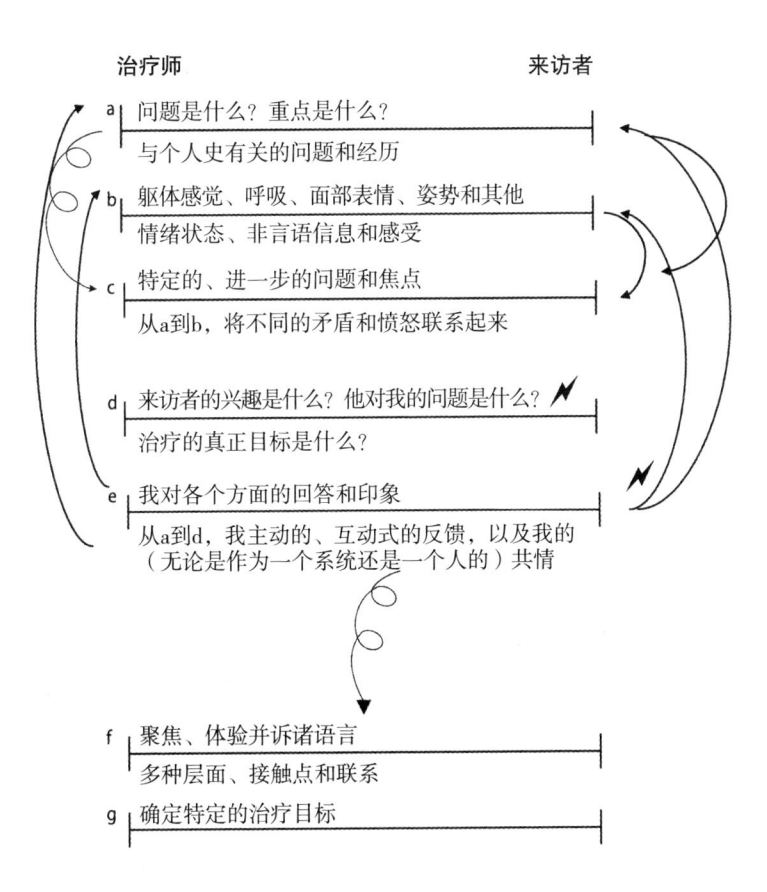

治疗师　　　　　　　来访者

a｜问题是什么？重点是什么？
　与个人史有关的问题和经历
b｜躯体感觉、呼吸、面部表情、姿势和其他
　情绪状态、非言语信息和感受
c｜特定的、进一步的问题和焦点
　从a到b，将不同的矛盾和愤怒联系起来
d｜来访者的兴趣是什么？他对我的问题是什么？
　治疗的真正目标是什么？
e｜我对各个方面的回答和印象
　从a到d，我主动的、互动式的反馈，以及我的
　（无论是作为一个系统还是一个人的）共情

f｜聚焦、体验并诉诸语言
　多种层面、接触点和联系
g｜确定特定的治疗目标

图5.2　第一次谈话中的身体语言解读指导（躯体导向的方法）

> 身体语言的感知、体验和解读从头到尾发生于观察者和观察对象之间。循环性的提问方式有助于这个过程的进行。

在第一次谈话过程中,双方会对治疗的主旨性问题进行沟通,力求达成一致。

我下面将对交流、反馈和咨访关系中身体语言的作用做出归纳总结。

我进行的第一步是寻找有关来访者履历、他面临的问题以及他的咨询目的等方面的信息(基于言语层面的沟通)。同时,我也会特别留意对方的身体和动作,并且询问他对自己的身体有何种印象。

在这个过程中,我会对来访者的非语言沟通方式进行观察,对来访者就其当前感受提出问题,并根据他的回答进一步提问。我们通过提问可以加深、澄清、强调谈话内容,也有助于对内容中出现的矛盾、分歧和差异及时进行处理。

例如,某人在第一次谈话中仅仅对其与父母的关系做出"关系正常"的简短概括,但是如果我发现他的呼吸有轻微的变化,或者他的脸部表情流露出一丝惆怅,我就会对他说明我观察到的情况。接下来我要做的是仔细关注他的反应。他会做出情感拒绝还是对此表示认可？他会解释这种行为还是忽略它的存在？来访者的反应将反映出他潜意识中与父母关系的信息。

随着感情冲突越发明显，来访者的情绪也会受到影响。我们之间的交流悬念由此转移到非语言沟通层面。有些来访者会进行情感发泄；有些人会相对含蓄；还有一些人会对某一话题喋喋不休，而回避其他话题，还会做出特别的表情。对于咨询师而言，找到非语言信息间的关系并识别它们与言语层面是否匹配，尤为有趣，也很有意义。

来访者对于我的影射做出何种情感反馈，可以表现出他是完全打开心扉还是心存怀疑。这个信息至关重要，可以使我进一步认识来访者本人以及我和他之间的关系。当然，来访者对我的信任有利于我工作的顺利开展。任何可以被感知到的抵触、反抗和不安都会阻碍我的工作，使我不得不对工作做出调整，用小心谨慎的态度去避免种种阻碍因素的加强。咨询师可以通过这段交流加深对来访者情感表达方式和身体表达方式的了解，从而积极推进咨访关系。

我们应该带着以下问题对来访者进行身体层面的观察：

➢ 他首先看向哪里？

➢ 他的注视点停留在哪里或没有停留在哪里？

➢ 他的身体是如何运动的？

➢ 他的联想或解释是什么？

> 他的声音听起来怎么样？
> 什么东西首先进入了他的视线，进入了他的心里？
> 当他在看的时候，体验到了什么，感受到了什么？

询问来访者时，我们可以采用以下问题：

> 你的身体有什么变化？
> 变化发生在你身体的什么地方？
> 对于这种方法，你感觉如何？
> 你怎样控制呼吸？你怎样去感受你的呼吸？
> 你体验到了张力或疼痛吗？它发生在哪儿？
> 当你体验到这个时，会发生什么事情？
> 当你有这种体验时，你会产生什么想法？
> 当你有这种体验时，你会去做什么？

在接下来的谈话中，我不会就上面提到的话题做进一步沟通，而是向来访者问询其来访目的和初衷。我想要了解他有什么问题，有什么需求，想要知道什么，等等，以及这些与治疗或咨询本身的关联。在一般情况下，把提问作为谈话的过渡环节会使来访者产生不适感、疑惑及压力。不过直面问题也会使他情绪高涨，注意力加强，表达愈发清晰，逐渐进入自己在咨访关系中所扮的角色。

下一步的谈话尤为重要，因为我将就来访者的问题给予解答，并且就我对他的整体感知，尤其是对他非身体语言行为层面的感知做出反馈。这反过来又会影响我们正在进行的非语言沟通的效果。

我对来访者的反馈主要集中在三个方面：来访目的和初衷、来访者所面临问题的性质和严重程度、我们之间交流的整体情况（以非语言层面为主）。如果反馈不能面面俱到，则至少要包括其中两个方面。

谈话的具体步骤如下：首先我会就来访者提出的问题做简单解答，并向他介绍我的工作方式（通过非语言和语言交流两个渠道）。接下来我将就来访者给我留下的整体印象以及他的陈述给予回应，以便于他具体获悉我为什么将某个主题作为治疗或咨询的重点，以及这与他所述的人生经历和他表达出的身体语言有何关系。最后，我会就此时此刻发生的非语言沟通进行评述，并由此引入治疗主题。这几个步骤有助于建立良好的咨访关系，以及明确所要处理的实质内容、所需时间和强度。具体的谈话中对身体语言的感知过程在图5.3中有较为清晰的描述。

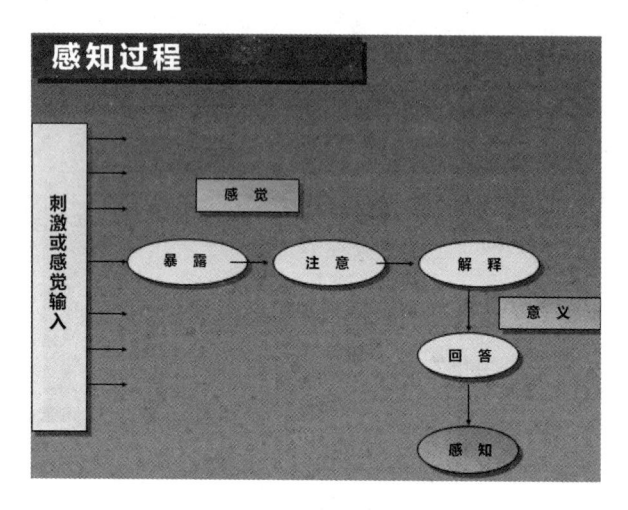

图5.3　感知过程

第五章　身体语言分析实践

对来访者的身体表达进行解读

对成年人的观察

"对成年人的观察"（Sollmann，2006）是一套系统理论和工具，可用于对身体语言和非语言表达模式进行整体观察和分析，并结合具体背景为当事人提供改善性方案。它主要针对政治家等公众人物。

在针对婴儿行为的观察研究中，研究人员通过对其身体语言进行分析和评估，对人类的非语言表达做出了总结。这些理论也有助于我们对当事人儿童时期的身体表达、身体体验和非语言沟通进行猜测性判断，进而使他在咨询或治疗过程中重新唤起这种体验，进行自我识别。这种回顾可以使咨询师更好地理解来访者身体语言的来源和含义，并在治疗过程中将之作为暗示性信号加以运用。

例如，某来访者在讲述儿时经历的时候不时咬指甲。针对婴儿行为的观察研究对这种行为做出了解释：儿童在生气或沮丧时不能向外界表达自己的情感，如果母亲也在场，他会将注意力转向自我并进行情绪释放，比如开始咬手指甲。基于这个理论，我可以直接向当事人就他的不满或者他与母亲的关系提出问题,也可以先将这一点记录下来,在随后的谈话中寻找适当的时机抛砖引玉。

"对成年人的观察"理论的关注重点是发生在此时此刻此背景下的成年人的表达行为——我们可以此获取关于表达模式产生来源的重要依据。这个理论有助于咨询师针对来访者的特殊需求对其将来的行为施加影响。如果某人希望通过改善身体语言来达到某种预期的沟通效果,熟悉这一理论的专家可以为他提供有效的帮助。

例如,几年前在一次联邦州大选中,我受托对某位热门候选人进行身体行为指导。这很正常,毕竟为了在大选中获胜,他和他的团队要在各个方面进行精心筹备。

在党内会议中,几位资深元老表示了取胜决心,并明确指出,该候选人应当为竞争"付出一切努力"。

在与这位候选人私下的交流中,我对他的身体语言和行为模式进行了分析并得出结论:他作为政治人物无疑非常成功,他的成功却不是以"不顾一切"为代价的。他是一个肯为他人着想且感情细腻的人。

党内给出的任务是"为了胜利全力以赴",然而这并不符合他体贴温存的本性。我向他提出了这一点,并问他打算如何解决这个矛盾。他很坚定地表示想要获胜,却并不想为此放弃自我。这便是我要帮助他实现的目标。这个目标既符合党派的利益(背景），也与他的性格、身体语言和行为模式（人物）相匹配。

我通过对他身体语言的观察，就其行为模式在大选中的意义做出了解释，并结合背景与他共同确定了指导方案。

不从事身体语言研究的人也可以对现象进行感知和描述，并产生主观印象。研究结果表明，人们对成年人非语言沟通现象做出的判断的准确率并不乐观，而且这种判断在很大程度上由偶然因素决定（Koemeda-Lutz u. Peter，2001）。

对于动作模式、反应模式和行为模式的分析可以使咨询治疗师在互动交流中掌握来访者的身体画面，并对来访者的人生轨迹、自我感知及其建立人生观和行为宗旨的重要依据加以关注。

借助媒体材料进行（虚拟）身体解读

在这里我不想以来访者为例介绍"对成年人的观察"这个身体解读理论，而是要借助社会名流、政治人物、运动员以及他们在媒体中呈现出的画面。由于媒体营造出的结果并不一定是"真实的人物"，因此，我称其为"虚拟人物"。

在长达十几年的实践中，我对身体解读理论进行了更为系统性和概括性的完善。其结果被媒体广泛传播，并获得肯定。具体来讲，我对身体语言进行的观察和分析主要获取了以下三方面的认同：

（1）对分析对象重复性典型特征和非语言表达模式做描述，使人一读便立即做出"一定是他！"的反应。

（2）对分析对象在某一特殊环境中的身体表达特征做描述，使人一读便立即做出"他确实是这样！"的反应。

（3）给出作用于大众人群的权威性专业见解，使人一读便立即做出"对，我也这么想的！"的反应。

对于此理论兼容性和可靠性的认可还表现在咨询领域对它的广泛运用中。

我从手头的大量材料中任意选出一些图片，图片上的人物一定要处于动态，或是正处在压力下，或是处于和别人的热烈讨论中（比如现场名人访谈节目）。我第一步要做的是对观察到的现象进行客观描述，而不添加任何主观阐释。

身体解读步骤

下面我将对从建立第一印象到获得具体结果的步骤进行逐一介绍。这些步骤可以帮助我确定观察对象的行为及行为背后隐藏的含义，以便找到帮助他解决问题的方法。在这个过程中，我们应充分考虑观察对象的个性。

我通过眼睛直接捕捉到的瞬间信息，以及我看到这个人时所产生的感觉构成了我的第一印象。即便这种印象仅仅包含了整个画面的一小部分，并且此人正处于一个由媒体营造出的特殊环境中，我仍旧十分重视第一印象。

我的感知器官对一切可直接获取的瞬间出现的信号、细节及复杂信息保持绝对开放。而且我并不会定下特别的观察目标，也不抱有特殊疑问。我完全做好准备，接受惊喜的到来。

我不仅留意视角中心的事物，还关注那些看似不起眼、无关紧要的细小的边缘现象。

图5.4 图中是两张脸还是酒桌？

（1）结合情感体会的感知

我要聆听的是自己内心情感的反馈：我何时会感到紧张或放松、自在或拘束？我的感受的程度如何？图像中的人物及其表达特征给我带来的是亲和感还是不适感？我此时收录的信号以画面中直接呈现的现象为主，而非我感知到的东西。

（2）困惑、重复和漏洞

随着时间的推移，重复性和高密度的信息获取在所难免。除此之外，导致混乱、存在漏洞、隐含矛盾的现象和信号也会被察觉。这些现象和信号对于假设和问题的提出也很重要。

（3）当事人与他人的互动

在一般情况下，图片或影像中的观察对象并不是单独一人。我的目光一方面逐渐转向当事人与他人的非语言沟通，另一方面则集中在后者此刻对当事人所述内容的身体反应上。我对他们之间的关系的定义还仅限于（现象层面上的）互动的非语言沟通，即行动与反应。在这个阶段我还不关心交流的背景、含义、兴趣点、目的等相关信息。

（4）当事人处在压力情境中

当事人通常处于某种压力下。我会跃跃欲试地从当事人的行为模式入手进行观察、定义和阐释，找出它在该情境中产生的效应。近年来，图像已成为各类媒体最情有独钟的交流方式。它们通常以照片、录像和故事叙述类节目等形式呈现。在观察图像资料时，我不禁自问：到底是什么引发了当事人的紧张情绪，他又是如何应对这种情绪的呢？

（5）第一印象和"第二印象"

当我用目前为止观察到的全部内容在脑海中勾勒出一幅画面时，"半场休息"时间就到了。接下来，我要做的是在第一印象的基础上进行再观察，产生"第二印象"。在这次所观察的结果中，哪些和第一印象有出入，哪些又完全一致呢？最终，我会问自己，对这两次印象进行比较的结果意味着什么。

（6）戴同一副眼镜进行观察（每次强调一个观察视角）

为了能够对观察对象（以人为主）进行有针对性的解析，我会在每次观察时确定一个角度——比如这一次选择声音或者面部表情，下一次选择手势。这种观察角度的选择可以是随意的，但是要以达到某种目的为前提。

（7）对线索的寻找

我在脑海中对观察对象及其身体语言形成的画面越是清晰，对其身体语言的含义、作用和不和谐点进行探究的方向越是明确。

例如，在影像材料中，某人在对话中表现得比较矜持，身体略显无力。但我还没有从他的行为模式或其他表达方式中找出能反映这一点的线索。于是我会将注意力转移到他的眼睛和眼神上，或者他声音的力度和音量上。或许他的眼神懒怠，声音拉长，音色毫无感染力。这些现象可以证明我对其非语言沟通方式和效果所做猜测的正确性。我的感知和接下来将发生的一切是否存在矛盾和漏洞？当假设和猜测被推翻时，新的疑问及新的观察焦点会随即产生。

（8）身体语言与其他层面因素的关联

一方面，我会努力对身体语言的不同层面进行观察，并且在这个过程中充分考虑到背景因素的作用。另一方面，我也会在这些层面之间寻找关联。

例如，在谈话节目中，观察对象是如何对现场观众的问题做出即时应答的？他的身体表达针对的是问题本身还是主持人？

（9）对情境观察结果的初步确认

我在观察过程中始终在脑海中勾勒整个事件的画面，将时间、空间、社会等因素（包括在场人员所处阶层和情感基础）综合起来。随着观察的推进，这幅画面也会愈加清晰。

（10）重新定义和寻找差异

在"对成年人的观察"的第一个步骤结束时，我对所观察到的现象产生了大量印象及各种假设，并且对其含义做出了猜测性解释。

第五章　身体语言分析实践

观察工具

如上文所述，在这个观察过程中，观察对象往往是整个事件的时间和空间的某一节点上人的行为状态。因此，根据第一阶段的观察做出的结论或者解释，仅能说明部分问题，不具备整体说服力。为了对此做出补充，我会对其他媒体材料加以分析，尤其是那些出自持有不同报道倾向的媒体（比如支持不同党派的报刊）的材料。

这些视觉媒体为了满足读者的胃口或配合其报道内容，总会对人物的图片进行别有用心的挑选，每一幅图片都仅仅代表了当事人的一个侧面。将来自不同杂志的图片搜集到一起，我们便可以对某一人物的行为模式产生综合印象。而这一观察过程归根结底诠释了一个循环过程：一个问题指向另一个问题，从单个问题进入整体，再结合整体提出下一个问题，以便理解当事人的行为举止。这里的理解指的是我可以去设身处地地体验他人的感受及行为动机。理解常常意味着"进入他人的角色中"。

接下来我将就这一过程的具体方法（工具）展开介绍。

观察日志

对于大多数人来讲，在脑海中产生他人身体语言的画面并非易事。观察日志（见下表）这个工具可以帮助人们有针对性地进行观察和解析，将注意力集中在以下五大板块：身体、体验、想法、行为、效应。

表5.1 观察日志

身 体	体 验	想 法	行 为	效 应

观察日志的"身体"一栏中记录的是发生在对方或自身的身体语言信号、现象和反应——我按照其发生顺序加以记录。如果人们将这个工具运用到自己的身上，"体验"一栏中记录的便是自己的体会；当观察对象是他人时，"体验"一栏中记录的则是自己内心对观察到的身体语言所产生的情感反馈。

按照同样的逻辑，在第一种情况下，"想法"一栏中记录的是自身的感想、想象和内心的画面；在第二种情况下，其中记录的则是观察对象语言表述出的内容。"行为"一栏中记录的是对所观察的交流情景的描写。这种观察毫无预想结果，记录的目的是找出各个方面的关联，比如，当甲提高音量时，乙会做出皱眉头的表情。

观察到的具体行为或者行为冲动，被记录在"行为"一栏中，其内容不应该为达到某种目的而带有选择性，而应全面记录瞬间观察到的结果。

"效应"一栏中记录的是（自身或他人）行为产生的影响。

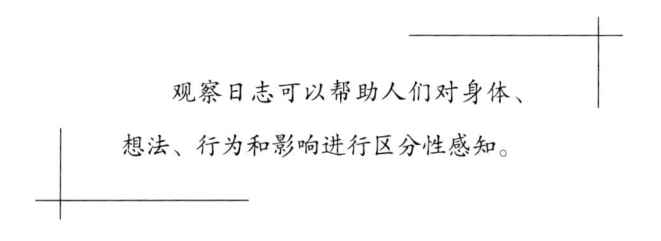

> 观察日志可以帮助人们对身体、想法、行为和影响进行区分性感知。

如果观察的是他人，我建议你在每一栏中对细节进行逐一记录。比如当注意力集中在身体层面时，对身体表达的点点滴滴进行仔细记录，并就整体印象进行描述。最终，我们要结合每一栏的内容构造完整画面，对身体表达与行为模式进行定义，并确定各栏线索之间的联系；如果没有线索，则需要对困惑、漏洞和矛盾加以注释。

上述内容同样适用于自我观察过程。除此之外，你还可以请求你的朋友、伴侣或同事对你进行同步观察和记录。这样，你就可以比较"自我观察"和"陌生人对我的观察"这两个版本的记录结果。

表5.2　个性探究维度

身体	身体感知： 身体里发生了什么？ 它发生在哪儿？ 它是什么时候发生的？ 呼吸： 它发生的时候你如何呼吸的？ 紧张或疼痛—放松（中立的—愉悦的—不快的）： 身体的哪个部位感到紧张？ 当时发生了什么？ 如果病人觉得太紧张、不快或疼痛，则需要做出修正，然后试着调节情绪。
体验	它发生的时候你有什么感觉？
想法	它发生的时候你在想什么？
行为	它发生的时候你想做什么？
效应	这如何改变你的身体？ 呼吸有变化吗？ 还发生了其他什么情况吗？

随笔记录

下一步的任务则是将你的记录进行分类整理（身体、行为、交流等）。这时，你可以借用上文所提的"观察日志"（表5.1）或是下文介绍的"思维导图"（图5.5）。

对感知的瞬间进行草记有助于捕捉在某一情境中出现的非语言沟通及其在片刻间推动事态发展的强大动力及效果。

思维导图

思维导图为身体表达观察的各个具体方面提供了简明清晰的概览。思维导图的结构能够为我们提供"近端"维度的整体概览。它将观察、印象和思想可视化。当某位人物作为中心主题时，不论是声音、手势还是它们产生的效果都可以作为副主题，并向外发散出各种关联点。思维导图是一种层级图，它将不同主题的关系与相互作用表现了出来，有助于人们自由发散思维和对现象进行丰富联想，以及对复杂的感知内容做出结构化的整理。思维导图所描绘的内容如同一个故事的基本结构和重要元素。最终，观察者必须对它们进行综合，将它们联系在一起。

思维导图有助于聚焦、分化（身体）感知。它与由现象产生的自发联想相结合，从而与相应的人和情境发生关系。

如果你观察身体语言表达的经验不充分，可以将下述问题作为总框架，即方向性纲领；还可以结合观察对象和相应的情境，对这些问题进行补充和拓展：

➢ 你首先看向哪里？
➢ 你的目光较多地或较少地关注哪里？
➢ 你的第一印象是什么？
➢ 观察对象的目光如何？
➢ 观察对象的身体动作如何（是主动性的还是反应性的）？
➢ 对此你有什么联想？
➢ 观察对象更偏向于积极回应还是被动回应？

➢ 他的声音（音调、音色、响度、语调）如何？

➢ 这些身体表达层面的信号对你的感知和评价产生了什么影响？

➢ 你感受到了什么（好感、反感、好奇等）？

➢ 观察对象与在场的其他人及周围环境接触时表现如何？

➢ 观察对象如何调节距离的远近？

➢ 人与环境之间的非言语互动如何？

你能从这种相互作用中得出什么结论？观察对象此时此刻按照这种方式（而非其他方式）进行身体语言表达和沟通的动机、意义和作用是什么？

将你的印象总结在一张图中，或将观察对象想象成特定电影中的主角。那么，这部电影的名称叫什么，它属于什么类型的影片，以及观察对象出演的是什么样的角色？

第五章 身体语言分析实践

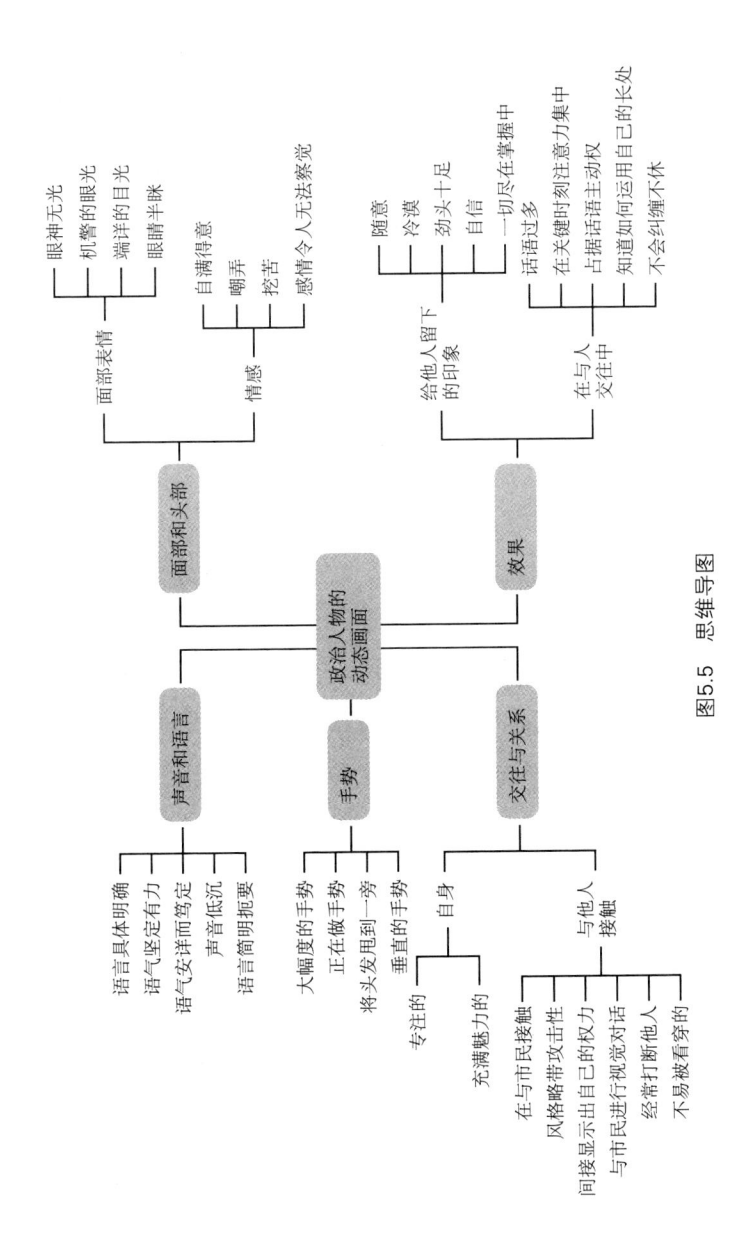

图5.5 思维导图

图像讲述

刚开始时，对经验不足的观察者而言，心理学的标准和理论对身体语言及非语言沟通的综合评估帮助甚微。因此，我建议初学者尝试从某个单一角度出发，比如声音、呼吸、身体动作等，以便强化对所选重点的观察能力及相关信息的捕捉。当我们对复杂的多维度观察和解释建立一定认识后，便可以进行后续练习，从而对感知到的大量信号及其内在关系、效果做出精准的总结。

生动的身体画面记录下来的不仅是此时此刻所发生的事情，还有当事人过去的经历。请想象这样的一幅画面：一个13岁的小女孩坐在沙发上，她的双腿在情不自禁地晃动。这时坐在她身旁的奶奶严厉地拍打她的腿，示意要"坐有坐相"。小女孩疑惑的目光中透出一丝悲伤，她的呼吸变得微弱。不一会儿，小女孩又开始晃腿，或许是因为忘记了奶奶的管教，也或许是在向奶奶表示反抗。我由此做出判断，这个小女孩具备十足的活力，她在被奶奶管教时，也就是在面对压力时，会以迷茫和悲伤的目光做出回应。

后来，我从小女孩的母亲那里得知，当女孩还是婴儿时，她会咬痛母亲的乳头。母亲由此放弃了哺乳。此决定也得到了女孩姥姥的支持。在这一时期，父亲对女孩百般宠爱，给予了她很多关爱。停止母乳喂养后，小女孩没有因此而哭闹，很快适应了使用奶瓶喝奶……

这些信息如同拼图玩具中的组成部分，而拼图的结果讲述的则是小女孩的故事。她一方面是坚强有力的，另一方面是脆弱无助的。由此可以推测，当她作为成人时，具备坚定勇敢的一面，却缺少自我信任感，在遇到问题时倾向于向他人寻求帮助。正因为如此，她的沟通能力会得到极大提高，以便从他人那里获取力量。虽然在一定程度上缺少独闯天下的魄力，但这并不一定会妨碍她实现自我——只要她敢想敢做，并能有效地与他人交流自己

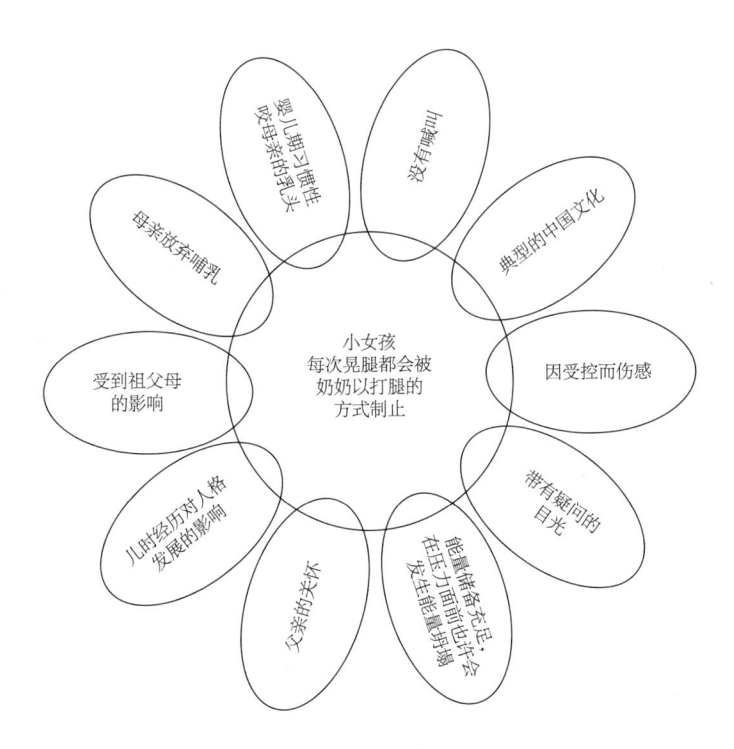

图5.6 身体讲述故事

的想法。

人们可以借助画面、诗歌等，描述对观察对象身体语言的印象——如同讲述一个故事。

例如，你还记得我前面提到的那个端坐在椅子上，用手指轻敲椅子扶手的女士吗？我可以对那个画面做出如下描述："当这位女士与我谈笑风生时，我感到她此时此刻的注意力完全集中在与我的谈话中。或许她正在努力调动我对她所讲话题的兴趣。与此同时，我留意到了她紧紧交叉的双腿和克制的呼吸。这似乎不仅仅是简单的自控，而且是对自我情感表达的抑制。我不由自问，她这么做是出于何种原因呢？我又看到了她那不停敲打椅子扶手的手指——这明明就是内心烦躁的表现——或许她本想对此加以控制却没有成功。我将她的微笑和手指动作结合到一起，可以得到两种结论：一是她虽然内心存在不安甚至不满，但整体来说她还是愉悦的，因此以微笑示人；二是她强作笑容，内心却很焦躁。这种身体表达层面上的对抗表现引起了我的好奇心，我想找到问题的答案。与此同时，我意识到自己正在感受内心世界对于她行为的反馈。她敲手指的动作引起了我的情绪波动，因为这个动作在我看来是她内心不安的表现。此外，我虽然明显感受到了她身上的强烈自控，却迫使自己将注意力停留在她轻松的微笑上。"

通过这种类似于讲故事的方法，我可以较为轻松地找到解读当事人身体语言的清晰路径。对观察到的信息进行详尽描述，也有利于我感知自己由此产生的情感。

此外，利用这种方法也可以更好地向他人讲述自己观察到的现象，使对方眼前出现更为生动的画面。我本人一般通过以下步骤对媒体图片或影像资料中的人像进行描绘：

（1）对此人当前身体语言进行多角度的感知（在必要的情况下，可将媒体早期的报道作为补充材料）；

（2）对身体语言和非语言沟通所产生的影响进行分析，并描述初步的总体印象；

（3）对非语言因素的影响、当事人个性特征和行为模式的相互作用做初步假设；

（4）选择描述角度，确定比喻方式；

（5）确定故事纲要；

（6）起草主线和中心内容；

（7）加入背景、起因及自己在这个"故事"中的角色；

（8）"故事"文本化。

身体语言的秘密

我能见你所不见

下图呈现了奥巴马和希拉里共同观看击毙本·拉登的视频时的情况。当时,这张图片在极短的时间内成为全球焦点。因此,我就这幅图片中人物的身体语言和非语言沟通进行了分析,并以媒体文章的形式发表于2011年5月。接下来,我将从该文中摘录部分内容,并对之做出评论,以便读者了解我是如何一步步对身体语言进行分析的。

图5.7　白宫战情室

第五章 身体语言分析实践

图5.8 白宫战情室（刊登于犹太报刊）

2011年5月2日，一张极具历史性的照片在华盛顿美国总统官邸白宫战情室内诞生了。照片展现了时任美国总统奥巴马、国务卿希拉里以及数位亲信紧张地观看着本·拉登被击毙的视频的情景。在这张照片中，希拉里目光集中，右手放在嘴前。人们不禁开始讨论，应该怎样解读这位国务卿的面部表情呢？这是害怕的表现、恐惧的表现，还是想打喷嚏时的习惯性反应？

随着另一张照片的公之于众，又一场全球性的热烈争论爆发了，争论的焦点是希拉里是否真的出现在战情室中。《华盛顿邮报》刊登了来自犹太刊物《日志》（*Di Tzeitung*）针对同一情景拍摄的照片，其中并没有出现希拉里和另外一名女性政客——这其实是出于宗教因素对图片做了处理的结果。

我想以这张照片（两个版本）引发的争论为例，说明身体语言、非语言沟通、背景、语境及媒体的炒作所产生的综合作用是何等复杂,以及由此引发的各种截然不同的关注点。我的目的不仅在于照片本身,即事发情况和在场人物的表达,还在于通过这个例子所展示的观察者与被观察画面间的关系、情境下的身体表达与其所在历史背景间的关系,而且在于对媒体营造出的战情室中的真相进行揣测。

具体地讲,我将要表达以下观点:

➢ 媒体并不能保证读者在观察视觉材料时所选取的角度和摄影师的角度一样。视觉感知存在着个体差异。

➢ 对图片的正确解读是以对背景的明确认识为前提的,比如空间环境是真实的原型还是被做过特殊处理的。

➢ 对当事人身体语言的解释同样以对背景的明确认识为前提,比如照片拍摄的初衷和目的。

➢ 他人对图片的反应同样值得关注,尤其是情感反应和个人解读。比如当人们看到图片后产生喜悦心情时,往往会更乐于表达自己的感受。这种喜悦情绪会影响观察者对图片的感受和对图中人物身体表达的理解。

➢ 影响重大的影像材料会引起媒体的讨论。讨论越是激烈,观点的分歧越多,人们在分析中越会小心翼翼。在这里,我们要避免急于求成地做出草率结论。

下文中的引文摘自我在2011年5月8日为《每日镜报》撰写的分析。(《每日镜报》是一份在德语区具有权威影响力的

第五章　身体语言分析实践

报刊。)

媒体竞相刊登的两张照片反映了过去数周本·拉登之死所引发的爆炸性媒体回音：一张是经过处理的被击毙的恐怖分子照片——它显然已经为人们提供了无限想象空间；另一张是美国官方发布的白宫战情室照片。两张照片均通过"展现出的"和"未展现出的"内容达到了预期效应。

媒体（具有轰动性的）照片凭借其较高的时效性在虚拟的媒体风暴中显得日益重要。照片中的希拉里激发了舆论热议。

两张照片的作用不尽相同——主要在于对人们造成的情绪性影响方面。照片到底让谁感到惊讶？照片展示的内容使人们不由自主地从一张或另一张中（下意识地）找到共鸣。

照片产生的效果必然通过媒体对材料的特殊处理得到进一步强化。同时，各路专家借助媒体平台各抒己见，使这种趋势愈发明显。

在此，人们是否真的看到过照片都显得无关紧要了。希拉里将手放在嘴前到底是因为想打喷嚏还是出于害怕也显得无足轻重了。两张照片均充满情感硝烟，在被得到充分解读前，甚至在被媒体刊登之前，就已经具备了全球性的新闻价值。十年前是世贸大厦倒塌的照片，如今则是这两张照片在媒体风暴中引发热议。俗话说，一张图片胜过千言万语，当前人们却恰恰在用千言万语对图片进行讨论。从这个角度来看，这股讨论热潮确实是可喜的进步。无数有关主观感知、图片解读和阴谋论的猜疑由此昭然若揭。

我们想在这种爆发性事件面前进行情感立场抉择，无疑需要详尽的描述和讨论性交流。在这种交流中，对于当事人身体语言的诠释不可或缺，却较少受到重视。

通常，当人们亲眼看到这两幅照片或是由此进入内心的幻想之旅时，便会开始与他人就自己的感知进行交流。这种交流的目的并不在于获取别人的肯定。人们乐于描述照片、解读照片，并推测照片发布者希望向观察者传递什么。

然而，当前媒体制造的风暴体现出的不是这种照片观察方式。这更像一场权威的争夺战，反映出观察者对自己感知和见解的高度自信——他们确定自己的解读是"重要"的，摆出一种'我能见你所不见'的态度。

对照片和身体语言的观察和解读从始至终都是一个主观过程。读者得出重要结论的前提是有意识地做出自我感知，并将其纳入解读过程中。如果不这样做，人们会陷入五花八门的感知和幻想中，并期待在媒体的解读中求证。这一过程将观察者群体分为"知情者"与"不知情者"两组。读者（过于）经常将在媒体上发表见解的专家归类为"知情者"。

这让人联想到表达心理学与印象心理学之间尚未达成一致的问题：我所看见的究竟是照片所描述的人的符号和特征（表达），还是背景与观察者主观解读共同作用的结果

（印象）？

这在希拉里的照片上意义不大。这个事件显然不是针对照片本身，其焦点不在于希拉里是由于害怕还是想打喷嚏，或是其他任何原因做出这个举动。这幅照片唤起了大众的认同感，这一点显而易见。照片本身已经不是重点，"谁说得有理"成为讨论的焦点。

呈现出此类身体语言表达的照片会引起人们的普遍认同，当人们看到它时便会感到内心对其做出的呼应。此时，对表达与印象进行精确区分可能并不重要了。可以说，图片中的身体表达越是情绪化，这张图片就越具备轰动性，越容易激发观察者的认同感。

这种自发的认同感究竟是因何而生？是什么引发了关于这两张照片由认同感驱动的热烈辩论？是什么让原本冷静理智的人们如此情绪高涨？

我们所有人都不在现场，既不在巴基斯坦，也不在华盛顿白宫。然而，作为"9·11事件"和本·拉登之死的历史见证人，我们都卷入了由媒体引发的全世界范围的情绪波澜中——参与其中却又无能为力。发生的已然发生。

只要人们身处这样的感知与评价过程中，就永远不会进入脱离社会和历史的真空世界中。这时，观察和认同感与由此产生的其他情感和周围的环境紧密交织在一起，被人们所感知。由此，人们所发表的个人见解常常带有强烈的感情色彩也就不足为奇了。

　　人们身处这种巨大的情感旋涡中，而并未身临其境。在最初的震惊反应过后，人们会自发寻找交流对象，因为不能再忍受这种无能为力的感觉。人们通过转向身边的人，互诉感受，得到情感上的释放。人们会觉得不再那么孤独，情感得到发泄。人们通过对情境的解释和对事件的讨论，加强对客观事实的理解，努力摆脱成为被负面情绪影响的牺牲品。

　　对照片中的希拉里的解读既是努力找回情感平衡的体现，也是对其非语言影响做出的必要分析，即对她的身体语言进行解密。

在这样的情境中，人们自发而深刻地形成某种观点，并（常常是过度地）坚持这种观点——这一切都再合理不过了。画面描述的身体语言表现越有影响力，在其历史背景下越有感染力，观察者便会越努力地维护自己的观点。这是建立在个人信念之上的自身情感的表达，也是摆脱此时此刻（即观察这张照片时）强烈情感的尝试。

　　此处的身体语言解密不是指从照片中读出她的动作究竟是出于害怕还是打喷嚏的冲动，而是指对希拉里的非语言表达的效果模式及她如何在政治角色中对其进行运用的研究，以及对作为观察者的大众是否吃政治家这一套的研究。

第五章 身体语言分析实践

当照片的观察热潮以及相关媒体打造的情感风波渐渐平息后，人们便可以更清醒、更客观、更恰当地对相关情境进行评估。对照片的观察和自身与照片产生联系的过程，以及最终个人观点的形成，可被视为虚拟的非语言沟通。当人们谈论或用文字描述照片并对其进行评论时，比如写博客时，人们便参与到了这种非语言沟通过程中，通过虚拟的第三方场景与照片建立了联系。

图5.9 叙利亚难民

例如，就在不久前，一张在逃亡过程中不幸死去的叙利亚难民儿童趴在海滩上的照片（图5.9）引起了全球关注。一些人借此强烈表达欧洲应该对难民敞开大门的心愿；另一些人则谴责媒体报道已经毫无人性底线；还有一些人认为，难民应该对自己的冒险行为负责。

照片的迅速传播引发热论，这又进一步加快了照片的传播速度。毋庸置疑，与这一过程相伴的是强烈的情感色彩。参与评论的人们尽管互不相识，却通过情感链条建立了联系。这被称为非语言虚拟沟通。

案例5
奥巴马：表情和手势的魅力

美国总统奥巴马的公众形象非常积极——这是大多数政治人物不可与之匹敌的——手势和表情正是奥妙所在。

奥巴马的表情极少会令人感到不舒服。这种令人不舒服的照片也很难被媒体捕捉到。

奥巴马对自己的面部表情信心十足，他不需要有意地控制自己，因为一切尽在掌握。爽朗的笑容是奥巴马的招牌表情。他的笑之所以可以轻易被他人感知，并达到触动人心的效果，是因为他的笑容是从眼部开始绽放的，而非仅靠嘴部的张开动作。后者往往会给人以牵强之感。

那么奥巴马是如何做到在巨大的工作压力下仍然以笑容示人的呢？唯一的可能性就是他完成了专业的心理训练。可想而知的是，奥巴马一定具备在几秒钟内进行自我情绪调节的能力。他总能释放出积极的正能量。这是奥巴马的一张王牌。

除了微笑，人们在奥巴马身上也经常看到一副嘴部微微张开的表情——严肃而不紧绷，易于制造出友好的氛围。这种表情配合头部稍侧向一方的姿势，向人发出友善的信号。

两道法令纹在奥巴马谈话时尤为突出。这恰恰为其积极形象的建立贡献了力量，成为其共情能力（即理解他人和他人所遇到的问题的能力）的标志。奥巴马的很多身体语言都能够直接作用于他人的情感层面。这是他的另外一张王牌。

另外，奥巴马的肤色也是助其一臂之力的重要因素。心理学教授马丁·舒斯特解释道："摄影师总是运用光来衬托出人物的轮廓。当侧面光强烈地照射到奥巴马脸上时，会使他的面部呈现出明暗两个部分，几乎达到了黑白反差的效果。这样就无形地拉近了黑色人种和白色人种选民与他的距离。"

奥巴马对手势的运用同样恰到好处。他双臂的活动范围几乎永远保持在肩膀和胯部之间的理想位置。他在演讲时双臂总是微微张开，手掌朝下。这个姿态会给听众一种"给予"的内心暗示。和大多数政治人物一样，奥巴马也喜欢做出伸出食指的动作，只不过他的食指并不指向前方的听众，而是指向上方或者侧方。这就避免了攻击性效果，不会使听众反感或不安。

此外，他的身体经常微微前倾，将重心集中在脚掌，显示出积极主动的态度，示意"我有能力做出改变"。他知道如何在公众场合展示自己，使在场的人感到总统在乎每一个人的声音。他将五指张开的手伸向群众，以接触到更多范围的群众。这样做让他在表现出亲民特质的同时释放出了活力，丝毫没有虚伪做作或刻意强求之感。

奥巴马还善于通过小动作拉近与他人的距离，打动他人。

他与人握手时总会使右手握在偏上的位置，并用左手握住对方的右臂。这样既能显示出权威，又不具威胁性，能够发出友好的信号。这种握手方式也使奥巴马在与其竞选对手麦凯恩的较量中占据了优势。不知道麦凯恩是否对自己展现出的屈尊俯就有所感知。各路专家也对奥巴马的手部动作做出了不同解释。比如，他手握麦克风的姿势轻松优雅，给人以舒服的感觉；又如，他伸出小拇指的动作表现出的是享受，显示出他在成为聚光灯下焦点时的享受、在扮演权力人物角色时的享受、在与妻子翩翩起舞时的享受。

奥巴马与妻子米歇尔的身体语言互动充分显示出两人和谐亲密的关系。这一点在两人翩翩起舞时被表露无遗。人们可以看到米歇尔脸上绽放出的迷人微笑和她表达出的对丈夫的绝对支持。特别值得留意的是他们十指交叉紧握的手。这在舞池中非常少见，是奥巴马夫妇独有的亲密语言。

奥巴马在待人接物的过程中，通过身体语言传递发自内心的真诚和友善。诚然，他懂得如何运用身体语言为自己加分，却又似乎对此并不特别关注。这使人几乎意识不到哪些是他学到的本领，哪些是他情感的自然流露。奥巴马表里如一的形象令人信服。人们在其他政治人物身上总可以捕捉到他们刻意做出的身体语言行为，即从身体语言教练那里学到的窍门——这如果与他的整体表现不符，往往会适得其反，使人们对他的可信度产生怀疑。

奥巴马表现亲和力的秘诀在于他发自内心的笑容。他通过眼神打开与对方交流的通道，即便这个通道仅仅通向表面。他的笑容是获取人心的真正撒手锏，使他在脱口秀节目中不像一个遥不可及的政客，而是像一个在节目中有声有色地讲故事，并且期待与观众分享和互动的普通人。这让他大大有别于其他政治人物。

奥巴马具有肢体表达的天赋，当他敞开双臂或将双臂伸向上方时，其肢体动作是那么自然流畅。传统的朝圣者手势就是打开双臂。这样做可以轻松拉近与他人的距离，且不带任何强迫性。

最后不得不提的是，奥巴马是一个享受生活并乐于与他人分享快乐的人。他作为总统固然具有明确的政治目标，但他也是希望的化身——成功的政治人物不仅应做出突出政绩，还应向民众传达积极快乐的生活态度。奥巴马懂得情感的巨大力量，通过"胜利者的身体语言"向外界传递出有正能量的情感。

奥巴马由此成为理想的代言人。